とびたて！
みんなのドラゴン

難病ALSの先生と日明小合唱部の冒険

OZAWA BUCHO
オザワ部長［著］

岩崎書店

本番前、舞台袖《ぶたいそで》ではリラックス。

「さぁ、日明小《ひあかりしょう》、行くよ！」

6年生全員で出場記念写真をパチリ。
竹永亮太《たけながりょうた》先生、ピアノ伴奏《ばんそう》の古《こ》賀《が》千《ち》恵《え》先生と。

全日本合唱《がっしょう》コンクールの全国大会、
自由曲《僕《ぼく》のドラゴン》クライマックス。
ドラゴンポーズで「ギャーオッ!!」

部員たちの素晴《すば》らしいハーモニーに、竹永先生は思わず『すばらしい！　カンペキ！』と口を動かした。

卒部式では、6年生全員から竹永《たけなが》先生へ杖《つえ》をプレゼント。日明小合唱《ひあかりしょうがっしょう》部卒業生の石橋《いしばし》さん（左）も駆《か》けつけてくれた。

卒業式。新たな決意を胸《むね》に刻《きざ》んだマナミと竹永亮太《りょうた》先生。

そして日明小合唱部は次の代に引き継《つ》がれていく。今日も笑顔《えがお》いっぱいで練習だ！

とびたて!みんなのドラゴン

難病ALSの先生と日明小合唱部の冒険

OZAWA BUCHO
オザワ部長［著］

岩崎書店

目次

この本に登場する、日明小学校合唱カンパニー2022年度6年生のみなさん。
（※プライバシーに配慮《はいりょ》し、お名前は部内での呼《よ》び名で統一《とういつ》しています）

難病《なんびょう》「ALS《エー・エル・エス》」とは――

ALSとは、筋萎縮性側索硬化症《きんいしゅくせいそくさくこうかしょう》という病気のこと。手足やのど、舌《した》の筋肉《きんにく》や呼吸《こきゅう》に必要な筋肉がだんだんやせて力がなくなっていく。やがて全身の筋肉に力が入らなくなり、体を動かすことや自力で呼吸することが難《むずか》しくなる。

病気の進行には個人差《こじんさ》があり、病気になってから2〜5年で亡《な》くなることもあれば、人工呼吸器《こきゅうき》を使わずに十数年にわたってゆっくり進行することもある。

現在《げんざい》、いろいろな治療法《ちりょうほう》が研究されているが、根本的に病気を治す方法はまだ見つかっていない。

（参考：難病情報《じょうほう》センター https://www.nanbyou.or.jp/）

第1章

合唱《がっしょう》カンパニー

マナミの中の「卵《たまご》」

「もう一度。もっと大きな声で。マナミさん？」

暖《あたた》かな春の日差しが差し込《こ》む教室で、担任《たんにん》の先生の言葉が繰《く》り返された。

「はい、元気です……」

ささやくような小さな声でマナミが答えると、先生は小さくため息をついた。

「それじゃあ元気じゃないみたいですよ。もっと大きな声で、みんなに聞こえるように答えちゃらん？」

先生は北九州弁《きたきゅうしゅうべん》で言った。

「……はい」

マナミはまたしても小さな声でそう答えながら、心の中でため息をついていた。

毎朝の健康観察。ただ「はい、元気です」と言うだけなのに、みんなの目が気になって、大きな声で返事をすることができない。

それだけではない。小学校に入ってから6年生になったいままで、授業《じゅぎょう》で指名されてもまともに答えられたことがほとんどない。

無口、内気、消極的、臆病《おくびょう》、恥《は》ずかしがり……。

自分に当てはまるマイナスイメージの言葉はいくつもあった。

(わたし、ホントにダメやん。こんな自分は好かん。自分を変えたい……)

マナミはそう思った。

ただ、マナミは自分の中に、いままでとはちょっとだけ違《ちが》うものがあるのを感じていた。とても小さなかたまり——まだ何になるかはわからないけれど、いままで知らなかったものが生まれてきそうな。

たとえるなら「卵」みたいなものがマナミの胸《むね》の中にあったのだった。

きっかけは、昨日、体育館で行われた合唱部《がっしょうぶ》によるミニコンサートだった。

合唱部は、マナミが通う福岡《ふくおか》県の北九州市立日明《ひあかり》小学校でただひとつの部活動。コンクールに出るときなどは「合唱カンパニー」という名前を使っている。

その合唱部《がっしょうぶ》が2022年度の部員を募集《ぼしゅう》するために開いたコンサートを、マナミは見にいったのだ。そして、20人ほどの部員たちが楽しそうに歌う姿《すがた》に目を奪《うば》われた。

「うちの合唱部って、九州《きゅうしゅう》ではうまくて有名らしいよ」

となりにいた子たちがそう話しているのが聞こえた。

たしかに、うまい。でも、マナミはそれだけではないなにかを、部員たちの歌声から感じた。

(なんやろう、この感じ……)

マナミの胸《むね》がトクントクンと高鳴り始めた。

(もしわたしが合唱部に入ったら、歌ってる子たちみたいになれるんかな？　それとも、やっぱわたしには無理なんかな……)

と、マナミの視線《しせん》は指揮《しき》をしている先生の後ろ姿に吸《す》いよせられた。

髪《かみ》は短く、背《せ》が高くて若《わか》い男の先生――。

あれは2年前から日明《ひあかり》小の先生になった竹永亮太《たけながりょうた》先生だ。明るくておもしろい、マナミの好きな先生だった。

去年までは合唱部の指導《しどう》は別の先生がしていたはずだ。その先生は3月に転勤《てんきん》した。

（竹永先生、新しい顧問《こもん》になったんやろか？　合唱は初めてやるんやろか？）

竹永先生は笑顔で両手を振《ふ》って指揮をしていたけれど、どこかぎこちなく見えた。いかにも「慣《な》れてない」という感じだ。

その一生懸命《いっしょうけんめい》な姿も、マナミの心を動かした。

（先生が慣れない合唱でがんばるなら、わたしも……）

マナミの胸は、さらに激《はげ》しく高鳴った。

そのとき、マナミは初めて気づいたのだった。自分の中に「卵《たまご》」のようなものがあることに――。

朝の会が終わったあと、マナミは顔をまっ赤にしながら担任《たんにん》の先生に1枚《まい》の紙を差し出した。それは合唱部への入部届《とどけ》だった。

「えっ、マナミさんが……!?」

先生が目を丸くして入部届を受け取ると、マナミは頭を下げ、逃《に》げるように先生の前から離《はな》れた。

（やった、渡《わた》せた！　わたし、合唱部《がっしょうぶ》に入って、竹永《たけなが》先生といっしょに合唱するんだ！）

マナミの顔に笑みが浮《う》かんだ。

だが、そのとき、マナミはまだ竹永先生の「ヒミツ」に気づいていなかったのだった。

合唱部なのに腹筋《ふっきん》!?

マナミが暮《く》らす福岡《ふくおか》県北九州《きたきゅうしゅう》市は、九州《きゅうしゅう》と本州の境界《きょうかい》近くにあるまちだ。

日明《ひあかり》小学校のそばには山陽新幹線《さんようしんかんせん》が走る高架《こうか》があり、小倉城《こくらじょう》というお城もある。海沿《うみぞ》いに行くと工業地帯や大きな港があり、学校にいてもときどき風の中に潮《しお》のにおいを感じることがある。

「おぉ、マナミさん。よう来たね。マナミさんが合唱部に入ってくれるっち、思っとらんやったよ」

その日の放課後、マナミが校舎《こうしゃ》の３階のいちばん奥《おく》にある音楽室に行くと、竹永先生が笑顔で迎《むか》えてくれた。メガネの奥の目がやさしかった。

音楽室にはすでに合唱部の部員たちが集まっていた。

4年生、5年生、6年生の3学年で全部で26人。6年生は4人しかいないと聞いていたけれど、マナミを含《ふく》めて9人いた。きっとマナミと同じように竹永先生といっしょに合唱がしたくて新しく入った人たちなのかもしれない。

その中で、マナミに向かって小さく手を振《ふ》ってくれている男子がいた。カネコくんだ。

(カネコくんも合唱部に入るんや!)

5年生のときに転校してきたカネコくんは、ユーモアがある人気者。マナミがふつうに話せる数少ない友だちのひとりだった。マナミも手を振り返したかったが、恥《は》ずかしくてできなかった。

ほかにも、男子ではガッチリしていて、冬でも半袖《はんそで》短パン姿《すがた》、丸刈《まるが》り頭なので「オニギリ」と呼《よ》ばれることもあるナガオ、クールな感じのテッちゃんもいた。

女子では、部長のカナエ、学年トップクラスの秀才《しゅうさい》でピアノも上手なハナちゃん、ちょっと不思議な雰囲気《ふんいき》のサクラちゃん、おっとりしたサキもいた。

すると、竹永《たけなが》先生がみんなに向かって言った。

「改めて自己紹介《じこしょうかい》すると、先生の名前は竹永亮太《りょうた》です。前からいる子たちにはもう話したけど、先生はずっと日明《ひあかり》小の合唱部《がっしょうぶ》のファンでした。ただ、中学校や高校のときにやっとったのは吹奏楽《すいそうがく》で、合唱の経験《けいけん》はありません。歌も下手です。この春から顧問《こもん》になって、正直緊張《きんちょう》しています」

先生はそう言うと、ひと呼吸《こきゅう》おいてから笑顔で続けた。

「でも、みんなもこんなイケメンが顧問でうれしいやろ？」

先生がメガネを取ってキメ顔をすると、みんなが爆笑《ばくしょう》した。

（やっぱ竹永先生っておもしろい）

マナミもつい笑ってしまいながらそう思った。

「それから、こちらが合唱部で前からずっとピアノを弾《ひ》いてくださっている古賀千恵《こがちえ》先生です。プロのピアニストです。今年度もお世話になります」

先生が紹介すると、ピアノの前に座《すわ》っていた女性《じょせい》の先生が立ちあがって頭を下げた。部員たちも頭を下げ、マナミも少し遅《おく》れて小さくおじぎした。

「じゃあ、さっそく練習しようか……と言っても、先生はまだ合唱部の練習がようわからんけぇ、誰《だれ》かお願いしてもいいかな？」

竹永先生が言うと、「はい」と言って、部長ともうひとりの女子が前に出た。

（ナゴだ……）

マナミはその子をじっと見つめた。

名前はナゴミ。メガネをかけた顔がとても賢《かしこ》そうに見える。編《あ》みこみにした髪型《かみがた》がかわいかった。

ナゴは合唱部の副部長で、同じ小6とは思えないくらいしっかりしている。人前でも物《もの》怖《お》じせずに話せる、マナミとは正反対のタイプだった。

ナゴはみんなの前に立つと、ハキハキした口調で言った。

「最初に『アエイオウ』から始めます。初めての人はわからないと思いますけど、ゆっくりやるので、真似《まね》をしてみてください」と言った。

古賀先生がピアノでドの音を弾き、ナゴが「せーの！」とかけ声をかけると、元からいた部員たちは声を合わせてドの高さで「アー、エー、イー、オー、ウー」と歌った。

マナミが驚《おどろ》いたのは、部員たちがただ歌うだけでなく、それに合わせて体も動かしていることだった。「アー」のときは上に向けて大きく手を広げ、「エー」のときは両手を耳の後ろあたりに持っていき、「イー」では拝《おが》むように顔の前で手のひらを合わせ、「オー」は「アー」と同じように手を広げ、「ウー」では腕《うで》を前でクロスさせて自分の両肩《りょうかた》を抱《だ》くようにしながら上半身を前に倒《たお》す。

まるで何かの踊《おど》りか、儀式《ぎしき》みたいだ。

それをドの高さからレ、ミ、ファ……とだんだん上がりながら続けていく。

「手でやっているポーズは、口の中の形を表《あらわ》しています。ポーズと口の中が同じ形になるように意識《いしき》しながら歌います」とナゴが説明した。

カネコくんは見よう見まねでやっていた。歌はみんなとはだいぶずれているみたいだったけれど、カネコくんは気にせず元気いっぱいに歌っていた。

(これが合唱《がっしょう》の練習なん？　これやると歌がうまくなるんかな？)

カネコくんとは違《ちが》い、マナミは小声でしか歌えなかったし、恥《は》ずかしくて体を動かすこともあまりできなかった。

それが終わると、今度はドレミファソファミレドの音に「ミッヒッヒッヒ、ナッハッハッハ、ミー」という声をつけて歌う練習だった。

「お腹《なか》を使って歌う練習です。ミッヒッヒッヒって、ひとつ言うたびに腹筋《ふっきん》に力を入れてください。腹筋の動きがわかるように、片手《かたて》をお腹に当ててください」

ナゴが説明し、マナミやほかの新入りたちは言われたようにした。

(お腹を使って歌う、ってどういうことやろ?)

マナミは「ミッヒッヒッヒ」と奇妙《きみょう》な言葉で歌うのに抵抗《ていこう》があったし、お腹に手を当てていても腹筋に力が入っているのかどうかよくわからなかった。

次は柔軟体操《じゅうなんたいそう》だった。上半身を前に曲げて、前屈《ぜんくつ》。そのあとは両肩、首を前後に回した。

「次は、腹筋をやります」

みんなが体育座《すわ》りをしたので、マナミもそれに従《したが》った。その状態《じょうたい》で両脚《りょうきゃく》を床《ゆか》から少し上げ、両手をまっすぐ前に伸《の》ばす。

「そのまま30秒続けてください。いち、に、さん、し……」

ナゴがカウントを始めた。

マナミはすぐお腹《なか》の筋肉《きんにく》が震《ふる》え、苦しくなった。足も上げたままキープするのがつらくて、プルプルしてしまう。体育の準備《じゅんび》運動よりつらいし、まるでスポーツの部活みたいだ。

さらに、今度は床《ゆか》にあお向けになり、首だけを上に上げた状態《じょうたい》でドレミファソファミレドを「パッパッパッパッパッパ……」と歌う練習。これは腹筋《ふっきん》と首の筋肉がつらかった。

それで終わりかと思ったら、あお向けのまま両脚《りょうきゃく》をまっすぐ伸《の》ばし、30秒間、床から上げてキープする練習もあった。これはいちばん腹筋がつらかった。

「吹奏楽《すいそうがく》で楽器を吹《ふ》くときと同じや。歌を歌うとき、お腹で支《ささ》えるから腹筋を鍛《きた》えとるんやろ?」

竹永《たけなが》先生がそうたずねると、ナゴは「はい」とうなずいた。

「やっぱり、そうなんやね。腹筋が鍛えられると、安定して息を出せるようになる。しっかりした大きな声で、震えたりせずに歌えるようになるってことや。先生も吹奏楽部だったときに腹筋やりよったよ。初心者の人は最初は大変やと思うけど、続けていくうちに自然とできるようになるけ、がんばりぃ」

竹永先生はニコニコしながら言った。

練習《れんしゅう》は発声練習から始まる。体を動かしながら「アーエーイーオーウー」。

合唱《がっしょう》には腹筋《ふっきん》も重要。30秒間、この姿勢《しせい》をキープ！

（先生はそう言うけど、わたしにはきつすぎる……。合唱部《がっしょうぶ》でやっていけんかも）

ひと通り腹筋《ふっきん》が終わったときには、マナミは涙目《なみだめ》になっていた。

「ナゴミさん、ありがとう。先生も早く練習のやり方を覚えるけんね」

竹永《たけなが》先生がそう言うと、ナゴは頭を下げ、みんなの中に戻《もど》った。

「それじゃあ、歌を歌いましょう。最初やけ、細かいことは考えんで思いっきり元気よく歌いましょう」

竹永先生は両手を振《ふ》って指揮《しき》を始めた。でも、どこから歌いはじめていいかわからなくて、みんなは顔を見合わせた。

「ごめんごめん。もう一回やるよ。せーの！」

今度は伴奏《ばんそう》のピアノといっしょに歌が始まった。

音楽室が歌声でいっぱいになる。マナミはふしぎな気持ちになった。音楽の授業《じゅぎょう》でクラスメイトといっしょに歌うときとは違《ちが》っていた。合唱部のみんなは歌声が澄《す》んでいて、柔《やわ》らかくて、その歌声に包まれているとまるで雲に乗って空をプカプカ浮《う》かんでいるみたいな気持ちになった。

マナミは最初はささやくような声で歌っていた。でも、とちゅうからほんの少しだけ声を大きくしてみた。みんなは大きな声で歌っているから、誰《だれ》もマナミに注目したりはしない。もう少しだけ声を大きくしてみた。まだ大丈夫《だいじょうぶ》だ。

健康観察でろくに返事もできない自分が歌っている。自分の歌が、みんなの歌とまざりあって、みんなの歌の中にとけていく。

(あぁ、なんかこれ、気持ちいいな……)

少しぎこちない竹永先生の指揮を見ながら、マナミの顔にかすかな笑みが浮かんだ。

ナゴの思い

「ねぇ、テッちゃん、どう思う?」

合唱部の練習が終わったあと、ナゴはテッちゃんをつかまえてそう話しかけた。

「どうって?」とテッちゃんは聞き返した。

「竹永先生」

「やさしそうだし、おもしろくていい先生やろ」

「そうなんだけど……。先生がやさしいから、みんながたるんどらん？」

「新しい部員も入ってきたばっかやし、先生も合唱《がっしょう》の経験《けいけん》がないんやから、まだしょうがないやろ」

テッちゃんはあくまで冷静だ。

「うちら6年生は最後の年やし、今年こそ絶対《ぜったい》に合唱コンクールで全国大会行きたいのに。わたし、すごく不安《そーとー》っちゃ。テッちゃんも全国大会行きたいって言ってたやろ？　去年の悔《くや》しさ、覚えとるやろ？」

ナゴが言うと、テッちゃんはうなずいた。

合唱コンクールは日本中の学校の合唱部が参加する大会だ。日明《ひあかり》小の合唱カンパニーは、毎年、福岡《ふくおか》県大会を通過《つうか》することはできても、その次の九州《きゅうしゅう》大会を抜《ぬ》けることはできていなかった。そこで代表校に選ばれれば、夢《ゆめ》の全国大会に出られる。だが、まだ一度もその夢を叶《かな》えられたことがなかった。

ナゴやテッちゃんたちは去年の夏の九州大会での悔しさをはっきりと覚えていた。

すると、そこにハナちゃんが通りかかった。

「あっ、ハナちゃん。合唱部に入ってくれてありがとう」

ナゴが言うと、ハナちゃんは「よろしくね」とほんわかした笑顔になった。

「ハナちゃんって、たしかピアノが弾《ひ》けるんだよね？」

「6歳《さい》から習ってたけん、それなりには……」とハナちゃんははにかみながら言った。

「古賀《こが》先生は毎日来るわけじゃないけん、古賀先生がおらんときはピアノお願いしていい？」

「うん、わかった！」とハナちゃんは明るく答えてくれた。

（ハナちゃんは入ったばっかかやけど、頼《たよ》りになりそうやん）

ナゴはそう思った。

6年生は4人しかいなかったところに、ハナちゃんを含《ふく》めて5人も入ってきてくれた。

去年の合唱コンクールに出てみてわかったが、ほかの学校はもっとたくさんの部員で出場してくる。人数が多ければ多いほど、歌声も大きく迫力《はくりょく》があるものになる。日明小はその点では不利だ。

（それでも、絶対《ぜったい》に今年は全国大会に行きたいっちゃ！）

ナゴは、夢《ゆめ》の舞台《ぶたい》で歌う自分や仲間たちの姿《すがた》を思い描《えが》いた。

ふと、廊下《ろうか》を歩いていく竹永《たけなが》先生の大きな後ろ姿が目に入った。ナゴは、先生の歩き方が気になった。少し左足を引きずるようにして歩いているように見えたのだ。

（先生、足をケガしたのかな？）

去年まで教えてくれていた本幡《もとはた》先生は、合唱《がっしょう》に詳《くわ》しくて、音楽のことになると真剣《しんけん》で厳《きび》しいところのある先生だった。そのおかげで自分たちはうまく歌えるようになったし、九《きゅう》州《しゅう》大会にも出られた。

でも、竹永先生は合唱をよく知らない。やさしくて、すごくいい先生だけど、練習の空気がゆるんでいる気がする。

自分が夢見《ゆめみ》ている全国大会のステージに本当に立つことになったとき、そこには竹永先生もいるのかな、とナゴは思った。

マナミの涙《なみだ》と合唱コンクール

翌日《よくじつ》からもマナミは合唱部の練習に参加した。練習は月曜・水曜・木曜・金曜の放課後1時間と、土曜日の午前中だった。

腹筋《ふっきん》はつらくて泣きそうになったし、毎日お腹《なか》が筋肉痛《きんにくつう》になった。歌も小さな声でしか歌えなかった。「アエイオウ」をやるときのポーズも恥《は》ずかしくてあまり大きくできない。

それでも、「自分を変えたい！」という一心でマナミは練習に出つづけた。

竹永先生も合唱のことを一生懸命《いっしょうけんめい》勉強しているみたいだった。ナゴたちから去年までの練習方法を教わって自分でも指導《しどう》ができるようになっていったし、正しいピッチ（音の高さ）で歌うことの大切さや美しいハーモニーのつくり方なども教えてくれた。

「先生、車の中でもどこでも合唱聴《き》いとるっちゃ。歌もそーとーうまくなったよ」

竹永先生はそう言って《ふるさと》を歌いはじめたけれど、音がはずれまくっていて、みんな爆笑《ばくしょう》した。

「先生、オンチ！」と下級生が言った。

でも、マナミはふと思った。

（もしかしたら先生は、みんなの緊張《きんちょう》をほぐすためにわざと下手に歌ったのかな？）

竹永《たけなが》先生は新しく入った部員に、合唱《がっしょう》コンクールのことを話してくれた。今年は大阪《おおさか》で全国大会が行われ、日本中から優秀《ゆうしゅう》な学校がたくさん集まってくる。日明《ひあかり》小も、それに出ることを目標としている。

「つまり、合唱コンクールは合唱で競いあうものなんよ。どこよりもうまく歌いたい、全国大会に出ていちばん上の金賞《きんしょう》という賞《しょう》をもらいたい、っち思うのは自然なことやろ。でも、それだけをめざすのは、ちょっと違《ちが》うかなっち先生は思いよる。歌は、聞いてくれる人に元気や勇気を与《あた》えられるもんっちゃ。やけん、日本でいちばんに元気や勇気を与えられる歌が歌えたとき、きっと日明小は自然と全国大会のステージに立ち、金賞をもらえる存在《そんざい》になってるんやないか、っち先生は思いよる」

先生のその言葉を、部員たちはポカンとした顔で聞いていた。先生は慌《あわ》てて付け加えた。

「ちょっと難《むずか》しかったかな？　とにかく、まずはいい歌！　いい歌を歌えるようにがんばっていきましょう」

合唱コンクールでは、もともと決められた6曲の課題曲の中から1曲と、自由曲1曲。合計2曲を7分以内に歌うことになっている、と先生は教えてくれた。

「課題曲は、部員募集《ぼしゅう》コンサートでも歌った《かっぱ》です。自由曲を何にするかは、これからいろいろ考えて決めるけん、楽しみに待っててください」

新しく入った部員たちに《かっぱ》の楽譜《がくふ》が配られた。歌詞《かし》は、ひとりの子どもとかっぱとの交流をユーモラスに描《か》いていた。

「ねぇ、これ、難しそうじゃない？」

楽譜を見たカネコくんがマナミに声をかけてきた。

マナミはうなずいた。コンサートで聞いたときは「楽しい歌やな」と思ったが、楽譜を見ると、初めて目にするような音符《おんぷ》や休符《きゅうふ》が並《なら》んでいた。マナミはまた続けていく自信をなくしそうになった。

「歌って覚えればいいから、大丈夫《だいじょうぶ》だよ」

そう声をかけてくれたのはナゴだった。マナミは無言でうなずいた。

あぁ、どうしてこういうときに「ありがとう」とか「がんばるね」とか言うことができないんだろう……。

「じゃあ、最初のところだけ、うまく歌えんでいいけ、初めての人もいっしょに歌ってみよう」

竹永《たけなが》先生は曲の最初のメロディをキーボードで弾《ひ》いて聞かせてから、「さん、はい！」と言った。

みんなが《かっぱ》を歌いはじめる。元からいた部員たちは自信満々《まんまん》に楽しそうに声を出していたが、新入部員はまわりをキョロキョロ見ながら探《さぐ》り探り歌った。楽譜《がくふ》が読めるハナちゃんだけはきちんと歌えていた。カネコくんは相変わらず調子っぱずれのまま元気よく歌っていた。

先生は歌を止めると、元からいた部員だけで一度歌わせた。

「いまのをお手本にして、新しく入った子だけで歌ってみよう」

もちろん、上手に歌えるわけがなかった。ハナちゃん以外はボロボロで、マナミはほぼ歌えなかった。

「間違《まちが》えても、音程《おんてい》がはずれててもいいけん、カネコくんみたいに元気に歌ってな」

みんなはワッと笑ったが、カネコくんはよくわかっていないのか、まるでほめられたみたいにニコニコしていた。

「ちょっと、ひとりずつ歌ってみようか」

（えっ、ウソやろ!?）

マナミはいきなり絶望《ぜつぼう》のどん底に突《つ》き落とされた。みんなといっしょでも歌えないのに、みんなが見ているところでひとりで歌うなんて……。

かといって、逃《に》げ出す勇気もない。

ほかの子たちがひとりずつ歌っているのも、マナミの耳には入ってこなかった。頭の中ではひたすら「どうしよう、どうしよう、どうしよう……」がうずまいていた。

「じゃあ、次はマナミさん。いくよ。さん、はい！」

竹永先生がキーボードでメロディを弾きはじめた。でも、マナミは唇《くちびる》をキュッと閉《と》じたまま立ちつくしていた。

「どうした？　細かいことは気にせんでいいけん、歌ってみて。さん、はい！」

キーボードのメロディが聞こえ、マナミは唇《くちびる》を少し開いた。でも、そこから声は出てこなかった。代わりに出てきたのは、大粒《おおつぶ》の涙《なみだ》だった。

「マナミさん、さっきはごめんね。いきなりみんなの前で歌うのはプレッシャーかかるよね。だんだん歌えるようになればいいけん、明日からも部活出てきてね。先生、マナミさんを待っとるけん」

部活が終わったあと、そんなふうに竹永《たけなが》先生に謝《あやま》られた。マナミは何も答えられず、ただ頭を下げた。

竹永先生は今度はカネコくんに向かって言った。

「カネコくんは、元気でいいけど、だいぶ音がはずれとるね」

「はずれてますか？」とカネコくんは笑顔で言った。

「そーとーはずれとるっちゃ」

先生は苦笑した。

「次から、カネコくんの左右に上手な子たちに立ってもらうけん、その子たちの歌をよう聞いて、その子たちに合わせるように歌ってみて」

「はーい！」カネコくんはむじゃきに返事をした。

先生が行ってしまったあと、マナミはカネコくんにたずねた。

「わたし、みんなの前で歌ったりなんかできない。カネコくんはどうしてできるの？」

すると、カネコくんは「うーん……」と腕組《うでぐ》みをして考え込《こ》んでから、こう言った。

「マナミさんってネコ好きだったよね？」

「え……うん……」

通学路でネコを見かけると、手を振《ふ》ったり、撫《な》でたりしていた。それをカネコくんは見ていたのだろうか。

「みんな、ネコだと思えばいいやん。ネコの前で歌うのは恥《は》ずかしくないやろ？」

ネコはクスクス笑ったりせん、とマナミは言いたくなった。ネコは陰口《かげぐち》も言わないし、うわさ話もしないし、上手に歌を歌ったりもしない。ネコと人間は違《ちが》う！

それでも、カネコくんが励《はげ》ましてくれたことがうれしかった。

「ありがとう。がんばってみるね」とマナミはうつむきながら言った。

音楽のことでは叱《しか》らない

ナゴは不満だった。

竹永《たけなが》先生が来てから、部員たちはずっとたるんだ状態《じょうたい》が続いていた。一見するとちゃんと練習しているようでも、先生の指揮《しき》を見ないで指いじりをして遊んでいたり、隣《となり》の子にちょっかいを出したりしている部員たちがいた。

先生はときどきそれに気づいても、あまり厳《きび》しく怒《おこ》ったりはしない。

合唱《がっしょう》も、去年のいまごろに比《くら》べても明らかにレベルが下がっているのに、先生は「もう一回やってみようか」とニコニコしている。大してうまく歌えたわけじゃないのに、「天才！」なんてほめたりする。

（そんなんやけん、みんな、いい気になるっちゃ……）とナゴはイライラした。

先生が教えてくれるときだけではない。

ナゴが前に出て、ハナちゃんのピアノで「アエイオウ」や腹筋《ふっきん》をやるときはもっとひどくて、私語《しご》をしたり、サボったりしている子もいた。

「ちゃんとやってください！」

きつく注意しても、ちっとも言うことを聞いてくれない。

ナゴはハナちゃんを連れて、竹永先生に文句《もんく》を言いにいった。

「先生、なんでみんなに厳しく言ってくれないんですか？」

「ナゴミさんは先生に怒ってほしいんかな？」と先生は言った。

「怒っていいと思います」先生は苦笑いしながら頭を指でポリポリかいた。

「先生は合唱カンパニーの顧問《こもん》を引き受けるとき、決めたことがあるんよ。歌が上手に歌えないとか、高い声が出ないとか、そういう音楽のことではみんなを叱らない。もちろん、いまみたいにみんなが集中してないときは、ナゴミさんが言うように叱らんといけんね。でも、できるだけ怒りたくはないっちゃ。怒られたあと、楽しく歌は歌えんやろ？」

「……はい」

「先生はまだ合唱は素人《しろうと》やけど、みんなが去年ほどうまくないのはわかるよ。でも、ビシビシ厳しくするより、『天才やね！』ってほめながら、いい部活に育てていきたいんよ。

ナゴミさんから見たら、先生は頼《たよ》りなく見えるかもしれんけど、先生も必死に勉強しとる。風呂《ふろ》に入っとるときも合唱聴《がっしょうき》いとるんよ」

「ホントですか!? わたしも、合唱曲じゃないけど、いつもお風呂で音楽聴いてます」

ナゴは思わず目を輝《かがや》かせた。

「音楽って楽しいやろ。やけん、ナゴミさんはイライラすることもあると思うけど、みんなのこと、もう少し我慢《がまん》しちゃって」

「……はい」

「ハナさんもよろしくね。ピアノ弾《ひ》いてくれて助かっとるよ」

「がんばります!」とハナちゃんは笑顔でペコッと頭を下げた。

ナゴは、竹永《たけなが》先生が部員たちのことも、合唱のことも、すごく真剣《しんけん》に考えてくれていることがわかった。本当にいい先生だ。

(でも、このままで全国大会行かれるんやろか……)

先生が「よいしょ」と言いながら椅子《いす》から立ち上がった。机《つくえ》に手をついて体を支《ささ》えるようにしているのが、ナゴは気にかかった。

第2章

合唱《がっしょう》と難病《なんびょう》

「かっぱのうらぎり」事件《じけん》

6月になった。梅雨がだんだん近づき、北九州市《きたきゅうしゅうし》にただよう風にもジメッとした湿気《しっき》がまじるようになってきていた。

日明《ひあかり》小合唱部は、2022年度で初めての本番のステージに立った。北九州合唱祭《がっしょうさい》という、毎年出演《しゅつえん》しているイベントだ。

マナミにとっては初めて人前で合唱をする機会だったので、最初はすごく緊張《きんちょう》していた。白いブラウスに紺色《こんいろ》のスカートとハイソックス、首元にはリボン。そんな本番用の衣装《いしょう》もなんだか体になじまない。

(本番なんだから、大きな声で歌わなきゃ……)

そうは思ってみたものの、練習でもあいかわらず小さな声しか出せないのに、本番で急に大きな声が出せるようになるとは思えなかった。そんなの、マンガやアニメの中でしか起こらない奇跡《きせき》だ。

それにひきかえ、みんなは楽しそうにしていた。

特に、テンションが高かったのはカネコくんだ。この日は《かっぱ》を歌うのだが、ただ歌うだけではなく、ちょっとしたお芝居《しばい》を入れる予定になっていたのだ。

出番が来て、合唱部の26人と竹永《たけなが》先生、伴奏《ばんそう》の古賀《こが》先生は音楽ホールのステージに出ていった。

ホールはとても大きかった。

ステージは広くて、床《ゆか》はツルツル。体育館にあるステージとは大ちがいだ。頭上にはいくつもライトがあって、まぶしいくらいの光を浴びせてくる。目の前には客席がずらっとならび、ずっと奥《おく》のほうまで続いている。席の数は何百とありそうだった。

客席ではたくさんのお客さんがこちらを見つめていた。

(怖《こわ》い……)

決められた位置まで歩いていくとちゅう、マナミは足がすくみそうになった。でも、みんながなんだか楽しそうだったから、自分もなんとか前の子につづいて歩いていった。

さいわい、立ち位置はうしろのほうで、救《すく》われた。

（ネコっちゃ……客席にいるのは、みんなネコや……）

マナミは、カネコくんのアドバイスを思いだし、心の中でそうとなえた。

最前列の中央には指揮者《しきしゃ》の竹永《たけなが》先生が立ち、先生を中心に扇形《おうぎがた》に広がって26人が立った。

竹永先生が客席に向かっておじぎをすると、大きな拍手《はくしゅ》が響《ひび》いた。大つぶのにわか雨みたいな音だとマナミは思った。

先生が指揮《しき》を振《ふ》り、古賀《こが》先生のピアノが鳴りはじめる。

部員たちは《かっぱ》を歌いだした。元気な声がホールの中に響く。

（あ、なんか音楽室で歌うときより上手に聞こえる……）

マナミの足はかすかに震《ふる》えていた。全身がカチカチで、肩《かた》は上がった状態《じょうたい》で固まってしまっていた。

（でも、がんばらんと……）

入部してから自分なりに努力してきた。声は小さいけれど、《かっぱ》もある程度《ていど》は歌えるようになっていた。本番のステージに立つなんて、考えただけでも怖《こわ》かったけれど、欠席せずにここまでやってきた。

マナミはいつもより少し大きく口を開けて歌った。

自分の中にあるあの「卵《たまご》」がコトコトと揺《ゆ》れうごき、殻《から》にひびが入るのがわかった。

いったいそこから何が産まれてくるんだろう？

ほかのみんなはのびのびと歌っていた。部長だけどふだんはもの静かなカナエ、いつもとぼけた感じの「オニギリ」ことナガオ、そして、テッちゃんはみんなの中でもバツグンに歌がうまい。部の中心人物であるナゴとハナちゃんの歌声もしっかり安定していた。

5人にリードされるように日明《ひあかり》小の歌声がまとまっていった。

すると、歌のとちゅうで、ステージの横からいきなりかっぱが飛《と》び出してきた！

いや、それはかっぱの格好《かっこう》をしたカネコくんだった。頭には紙で作ったお皿をのせ、体は緑に塗《ぬ》ったビニールで覆《おお》い、背中《せなか》には甲羅《こうら》の模様《もよう》をつけたランドセル。お尻《しり》に緑色のしっぽをつけていた。

客席から小さく笑い声が聞こえた。

カネコくんのかっぱはお客さんに手を振りながらスキップでステージの真ん中まで行った。そして、そこで歌いながら、となりにいるテッちゃんとふたりで歌詞《かし》に合わせてお芝《しば》居《い》を始めた。

テッちゃんがかっぱのしっぽをひっぱったり、それに怒《おこ》ってかっぱがテッちゃんをひっぱたくふりをしたり、プイッと横を向いてしまったり。

お客さんはみんな笑顔になっていた。マナミはそれを見て、少し体の力が抜《ぬ》けるのを感じた。

カネコくんとテッちゃんはこの日のために何度もお芝居《しばい》の練習をしてきていた。その成果がみごとに出ていた。

いよいよ曲が最後のところにさしかかった。

「テッちゃん、最後はふたりで一緒《いっしょ》に大きく手を広げてポーズをとろうよ」

本番の直前、カネコくんがテッちゃんにそう提案《ていあん》しているのもマナミは聞いていた。

テッちゃんは「おれ、そんなんやるのイヤっちゃ」と拒否《きょひ》していたけれど、先生に「せっかくだからやろうよ。どうせやるなら中途半端《ちゅうとはんぱ》にやらんと、思いっきりバーンとやりぃ」と言われ、しぶしぶオーケーしていたのだ。

いよいよそのときが来た。曲が終わった瞬間《しゅんかん》、テッちゃんは予定どおり思いっきり両手を広げてポーズをとった。ところが、なぜかカネコくんは気をつけの姿勢《しせい》のまま止まっている。自分からやろうと言ったのに、カネコくんはすっかり忘《わす》れてしまっていたのだ。

テッちゃんは顔をひきつらせながらも、たったひとり、ポーズをとりつづけた。

「ありえん！　カネコ、なんでやらんかったん！」

ステージを出ると、テッちゃんは怒《いか》り心頭だった。

「ごめん！　カンペキ忘れとった！　マジでごめん！」

カネコくんはかっぱの姿《すがた》のままで平謝《ひらあやま》りだった。

みんなはその様子を見て「かっぱのうらぎりだ！」と笑った。

マナミもクスッとした。合唱部《がっしょうぶ》の一員として、初めての本番を無事にこなすことができた。小さな声だったけれど、いつもよりは少し大きく、最後まで歌いきることができた。

それがうれしかった。

ただ、気になることがあった。

ステージで歌っているとき、指揮《しき》をしている竹永《たけなが》先生がいまにも泣き出しそうに目をうるませていたこと。それから、ステージの出入りのときに前よりも足を引きずるようにしていたこと。

「先生……」

マナミは竹永《たけなが》先生に声をかけた。でも、そのかすかな声は、みんなの笑い声にかき消され、先生の耳には届《とど》かなかった。

先生はALS《エー・エル・エス》

北九州合唱祭《きたきゅうしゅうがっしょうさい》が終わり、いよいよ日明《ひあかり》小学校合唱部は合唱《がっしょう》コンクールに向けて本格的《ほんかくてき》に練習していくことになった。

最初に出場する福岡《ふくおか》県大会は8月7日。ほぼ2カ月後だ。

その日はコンクールの自由曲が発表されることになっていたので、みんな放課後になる前からソワソワしていた。前から合唱部にいた子たちは、ネットで曲を検索《けんさく》してきたらしく、「あの曲かな?」などと予想をしていた。

放課後になり、部員たちは元気に音楽室へと続く階段《かいだん》を上がっていった。マナミも階段を上がっていると、前に竹永先生の大きな体があった。先生は手すりにつかまりながら、左足を持ちあげるようにしながらゆっくりのぼっていた。その横を部員たちが次々《つぎつぎ》に追いぬいていく。

（先生、大丈夫《だいじょうぶ》かな……。まだケガ治らんのかな？）

マナミは気になったが、声はかけられなかった。

音楽室はいつもどおりにワイワイ大騒《おおさわ》ぎだった。

先生はみんなの前に立つと、言った。

「今日は予告《よこく》していたとおり、合唱コンクールの自由曲を発表します。楽譜《がくふ》もここに持ってきました」

先生は机《つくえ》の上に置いた楽譜の束をトントンと手で叩《たた》いた。

「これから日明小学校合唱部は合唱コンクールに向かって進んでいきます。合唱コンクールに挑《いど》むのは大変なことやし、大変やからこそ、授業《じゅぎょう》では得《え》られないたくさんの大切なことが学べます。真剣《しんけん》に、一生懸命《いっしょうけんめい》にやった人だけが手にできる宝物《たからもの》みたいなものです。みんなでその宝物《たからもの》を探《さが》す冒険《ぼうけん》の旅に出ましょう」

先生が言うと、部員たちは目をキラキラさせた。合唱《がっしょう》という活動をとおして「冒険」ができるなんて思ってもいなかった。

先生はそこで一度うつむき、咳《せき》ばらいをした。

「先生は、みんなと一緒《いっしょ》に長く苦しい冒険に出る前に、言っておかなければいけないことがあります。少し長くなるけど、大事な話やけぇ、聞いてほしい」

先生はうっすらとほほえんでいた。

でも、マナミには、それはいつもの先生の笑顔とは違《ちが》うものに見えた。みんなもただごとではない雰囲気《ふんいき》に気づいたのか、しんとして先生の言葉に耳を傾《かたむ》けた。

「先生は——ALS《エー・エル・エス》、筋萎縮性側索硬化症《きんいしゅくせいそくさくこうかしょう》という病気です」

先生はゆっくりと語りはじめた——。

ALSは、手足やのど、舌《した》などの筋肉《きんにく》がだんだん衰《おとろ》えていき、やがて全身が動かせなくなる難病《なんびょう》だ。

一度発症《はっしょう》すると良くなることはなく、進行を遅《おく》らせる薬はあるものの、完全に治療《ちりょう》する方法はまだ見つかっていない。発症しても意識《いしき》や感覚ははっきりしたままだけれど、やがて自分で呼吸《こきゅう》することもできなくなる。

そして、患者《かんじゃ》は平均《へいきん》すると2年から5年で命を落とすといわれている。恐《おそ》ろしい病だ。イギリスの有名な学者だったホーキング博士《はかせ》や、アメリカのメジャーリーグのスーパースターだったルー・ゲーリッグもALSをわずらった。

竹永《たけなが》先生のお母さんはALSの患者だった。発症したのは竹永先生が小学校2年のとき。さいわい数年で命を落とすことはなかったけれど、体は不自由になり、車椅子《くるまいす》生活になった。竹永先生はALSがおおよそ10人に1人の割合《わりあい》で遺伝《いでん》することを知った。

「どうせいつかはオレもALSになるんや！　勉強しても、部活行っても、なんの意味もないっちゃ！」

先生は中学校で吹奏楽部《すいそうがくぶ》に入り、トロンボーンを演奏《えんそう》していた。吹奏楽が大好きで、全国大会に出場することを夢見《ゆめみ》ていた。高校でも吹奏楽部に入っていた。

でも、病気のことで絶望《ぜつぼう》した先生は高1の夏休みが終わると、学校に行かなくなった。

大好きな部活にも出なかった。

学校に行くふりをして家を出ると、コンビニのトイレに入り、「竹永亮太《たけながりょうた》の父ですが、今日、亮太は体調が悪いので休ませます」と学校にウソの電話をしたこともあった。

すると、ある日、不登校になっていることを知った中学時代の吹奏楽部《すいそうがくぶ》の顧問《こもん》や当時の担任《たんにん》の先生が家に訪《たず》ねてきた。

竹永先生は「きっと学校に行きなさいと励《はげ》まされたりするやろうな」と警戒《けいかい》していた。

ところが、顧問の先生は「タケちゃん、ドライブにいかんか？」と海や山、食事に連れていっただけだった。そして、不登校のことは最後までひと言も口にしなかった。

それが、逆《ぎゃく》に竹永先生の心にしみた。自分を心配してくれている先生の思いが、直接《ちょくせつ》なにかを言われるよりもずっと伝わってきた。

高校の担任の先生もやさしい人だった。

「竹永くん、しばらく学校に来とらんかったけん、登校するのは気まずいやろ？　先生、明日の9時ごろに正門で待っといちゃるけん」

そんなふうに言ってくれた。

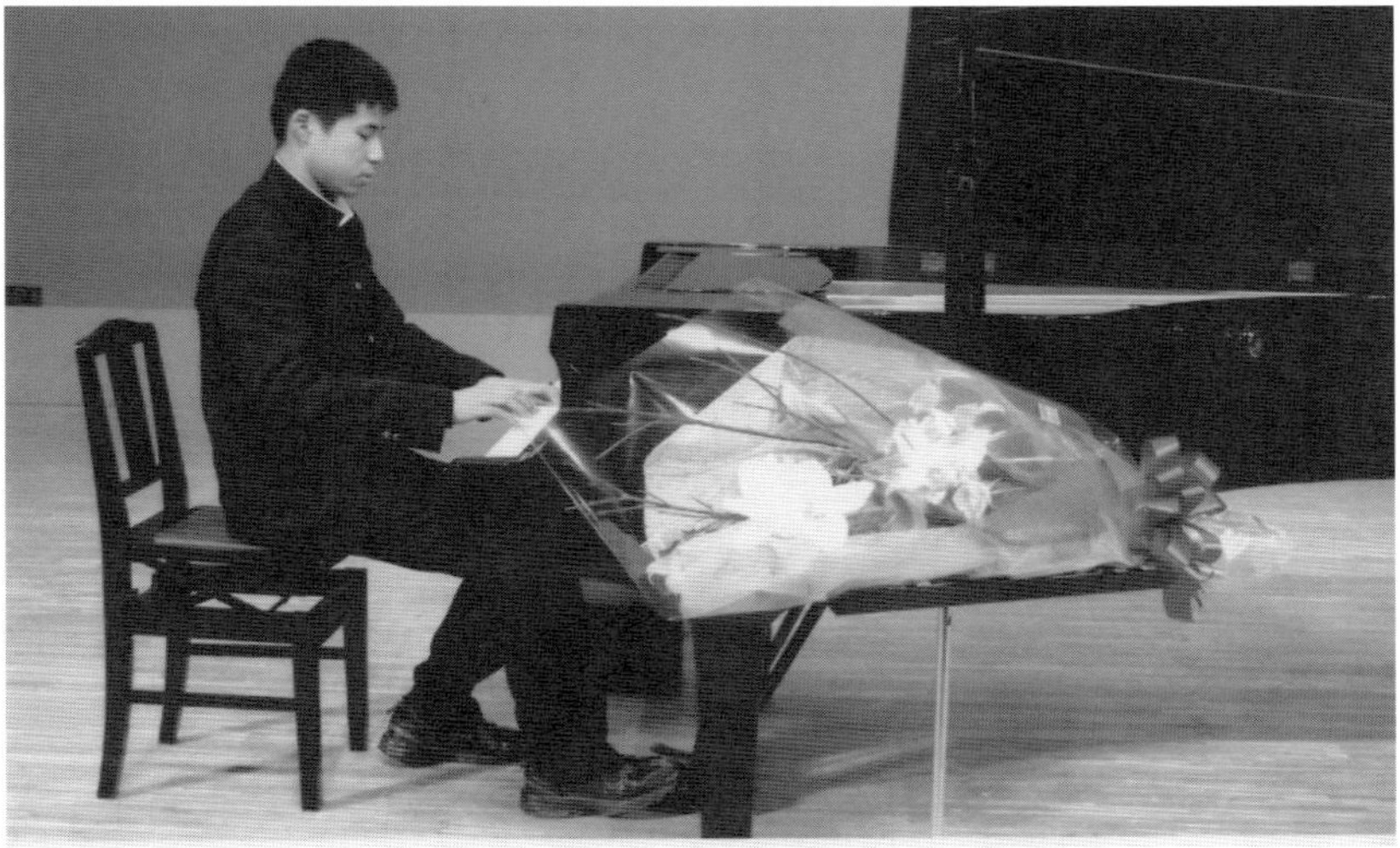

小1から習っていたピアノ。部活との両立が難《むずか》しくなり、中1で最後の発表会。

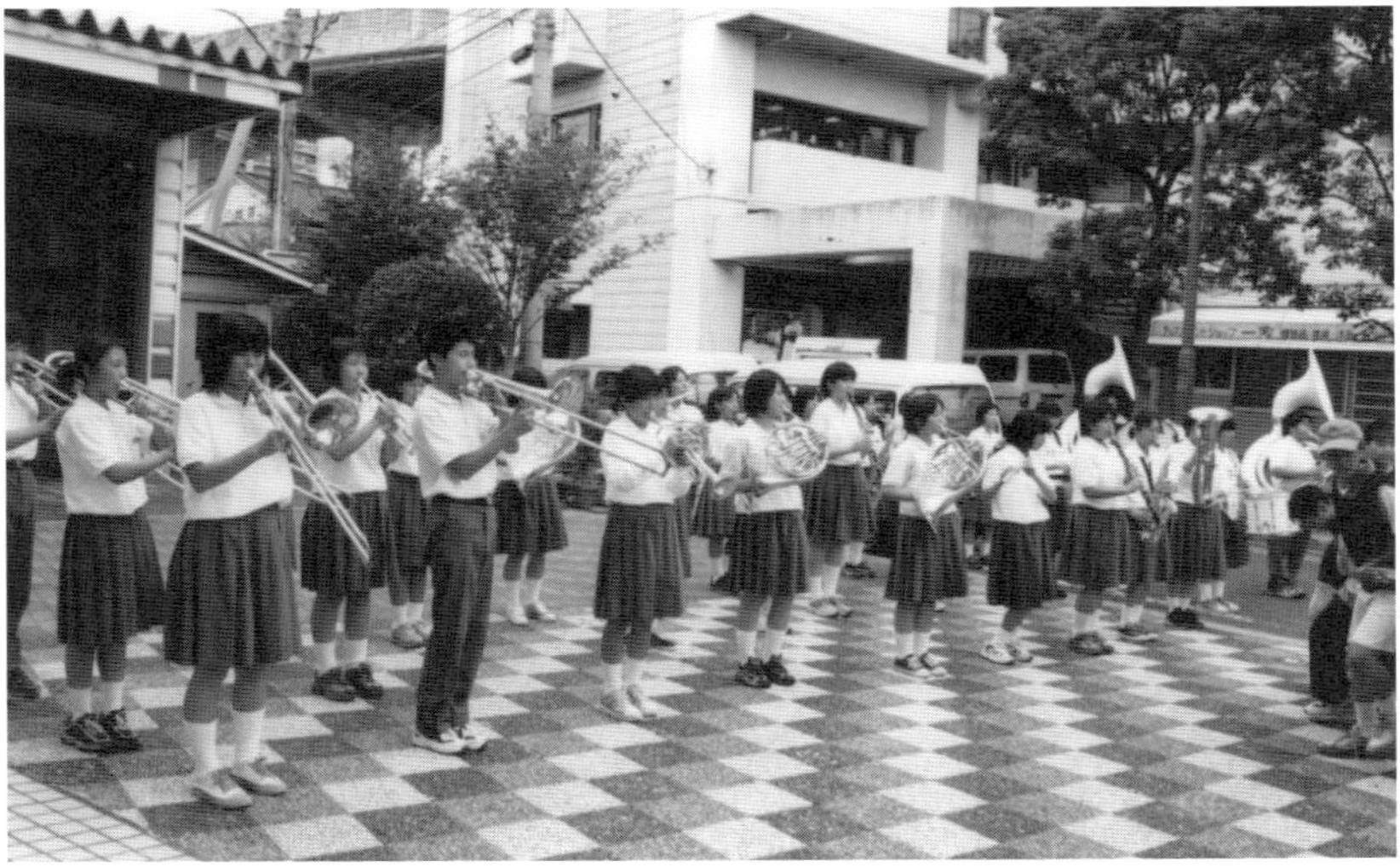

吹奏楽部《すいそうがくぶ》ではトロンボーンを担当《たんとう》した。現在《げんざい》も地域《ちいき》のブラスバンドに所属《しょぞく》している。

竹永《たけなが》先生はやはり学校に行きたくない気持ちが強くて、けっきょく、11時ごろになってようやく登校した。

「まさか、先生はもう待っとらんやろう」

そう思っていたのに、担任《たんにん》の先生は正門に立ち、笑顔で竹永先生を迎《むか》えてくれた。

成績《せいせき》は学年で最下位《ドベ》。出席日数もギリギリ。クラスメイトにもなじめない。弁当《べんとう》はいつもトイレの個室《こしつ》にこもってひとりで食べた。

でも、まわりにいた先生たちは竹永先生を見守り、けっして見捨《みす》てなかった。

「オレも、先生たちみたいな教師《きょうし》になりたい！」

竹永先生の中に大きな夢《ゆめ》が生まれた。


高校を卒業すると、竹永先生は通信制《つうしんせい》の大学を卒業し、大学院で教師《きょうし》になるための免許《めんきょ》を取った。

吹奏楽部《すいそうがくぶ》の顧問《こもん》になり、全国大会に出てみたかった。吹奏楽部がある中学校の先生になろうと思った。なかなか採用試験《さいようしけん》に合格《ごうかく》できなかったが、小学校の講師《こうし》をしないかと声がかかった。

北九州市立《きたきゅうしゅうしりつ》一枝《いちえだ》小学校、ひびきが丘《おか》小学校で2年間講師をしたあと、小学校教員の採用試験に合格し、清水小学校に赴任《ふにん》した。しかも、婚約者《こんやくしゃ》との結婚《けっこん》も決まっていた。幸せいっぱいで、希望に満ちた日々《ひび》。

ところが——その知らせは突然《とつぜん》やってきた。

小学校教員デビューをし、結婚を約2カ月後にひかえた2018年1月31日のことだ。竹永先生はその2年前、自分がALS《エー・エル・エス》になるかどうかを調べる遺伝子検査《いでんしけんさ》を受けていた。いそがしい毎日の中ですっかり忘《わす》れていたが、その日、結果を病院で知らされた。

病院の医師《いし》からの話に、先生は絶望《ぜつぼう》のどん底につき落とされた。

それは「遺伝子に異常《いじょう》がある。ALSの症状《しょうじょう》が出てくる可能性《かのうせい》がある」というものだった。

（やっぱりか……。おれ、ALSになるんか……）

けれど、竹永先生は高校時代のようにヤケになったりはしなかった。

（こうなるのは覚悟《かくご》はしとったことやん）

婚約者に病気のことを打ちあけた。彼女《かのじょ》の両親にも正直に話した。

「もし病気が原因《げんいん》で結婚《けっこん》がダメになっても、わたしは誰《だれ》を責《せ》めるつもりもありません」

先生はそう言ったが、驚《おどろ》いたことに婚約者《こんやくしゃ》は「結婚する意志《いし》は変わらない」と言ってくれた。彼女《かのじょ》の両親も「亮太《りょうた》さんを支《ささ》えてあげなさい」と言い、ふたりを励《はげ》ましてくれた。

そして、先生は結婚し、小学校教員として働き続けた。

まだALS《エー・エル・エス》の症状《しょうじょう》もほとんど出ていなかった。小学生たちとにぎやかな日々《ひび》をすごし、家庭生活も幸せに満ちていた。自分は強くなったのだと先生は思っていた。

9月、たまたま北九州国際《きたきゅうしゅうこくさい》音楽祭の市民イベントを聴《き》きにいった。今年、「かっぱのうらぎり」事件《じけん》が起こったのと同じあのホールだ。吹奏楽《すいそうがく》が好きな竹永《たけなが》先生は、合唱《がっしょう》には興《きょう》味《み》がなかった。

けれど、ステージに登場した日明《ひあかり》小学校合唱部の歌声を聞いた瞬間《しゅんかん》、先生の目から涙《なみだ》がボロボロこぼれだした。自分が大人だとか、教師《きょうし》だとかいうことも忘《わす》れ、先生は号泣しながら合唱部の歌に耳をかたむけた。

（平気なつもりやった。おれなら病気に立ち向かえるやろうっち思っとった。でも……本心では不安やった。おれはALSが怖《こわ》いんや！　もし発症《はっしょう》したら仕事はどうなるんか、結婚生活はどうなるんか？　症状はどう進んで、いつごろ動けなくなって、いつごろ命が――）

先生は初めて自分の正直な気持ちと向きあった。体がふるえ、涙がとめどなくあふれてきた。

だが、ふしぎなことに、先生の中にあった恐怖《きょうふ》はしだいに消えていった。まるであたりに立ちこめていた霧《きり》がすぅっと晴れていくかのように。

霧をふき飛《と》ばしてくれたのは、小学生たちの歌だった。

（なんて透《す》きとおった、純粋《じゅんすい》な歌声っちゃろう！）

笑みをうかべて、全力で歌う子どもたち。

竹永先生はそれまで吹奏楽はもちろん、オーケストラの演奏《えんそう》もたくさん聴《き》いてきた。けれど、いままで聞いたどんな音楽よりも日明小の歌声は美しかった。どんな音楽よりも感動させられた。

（この子たちはただただまっすぐ、１００パーセント、２００パーセントのパワーで歌いよる！）

竹永《たけなが》先生は日明《ひあかり》小の歌に自分が感動した理由がわかった。子どもたちの歌声は「命そのもの」のように先生には感じられたのだ。

(オレも、たとえ病気になったって、まだ生きとる。命あるかぎり、この歌のように前を向いて明るく生きていこう！　教師《きょうし》として精《せい》いっぱい働いていこう！)

竹永先生は日明小学校合唱部の大ファンになった。そして、本番があれば客席にかけつけ、その美しい歌声に聞き入った。合唱《がっしょう》から明るさと元気をもらった。

2020年、偶然《ぐうぜん》にもその日明小への転勤《てんきん》が決まった。

「やった、これで合唱カンパニーの歌を毎日聞けるっちゃ！」

最初は気楽にそう思っていた。

ところが、2022年4月になる直前、合唱部の顧問《こもん》だった本幡《もとはた》先生が転勤することになり、校長先生に呼《よ》ばれた。

「竹永先生、合唱部の顧問をやってみませんか？」

「えっ、わたしですか!?」

先生はおどろいた。吹奏楽部《すいそうがくぶ》の顧問はやってみたいと思っていたけれど、合唱部の顧問、しかも、自分がずっとファンとして見つめつづけてきた日明小の顧問をやるなんて考えてみたこともなかった。

「とても光栄なことですが、少し考えさせてください……」

先生はすぐに答えをだせなかった。そして、ひとりになってから悩《なや》みに悩んだ。

(オレの体はあとどれくらい自由に動けるやろう？　合唱カンパニーの顧問になったら、練習やコンクールにかなり時間をとられるやろうな……。それより、おれに残された貴重《きちょう》な時間は、家族のため、自分自身のために使ったほうがいいんじゃないか？)

そのとき、先生の耳に、北九州国際《きたきゅうしゅうこくさい》合唱祭で聞いた日明小の歌声がよみがえってきた。

先生はあの歌に救《すく》われたのだ。

竹永先生の心は決まった。

自分が大好きな日明小学校合唱部のために、残された時間を使おう。もちろん、家族や自分のためにも。まだ体が動くうちに、やりたいことをやろう。

オレは、日明小の子どもたちといっしょに、合唱がやりたい——。

先生は不幸じゃない

「先生は合唱《がっしょう》の経験《けいけん》もないし、もしかしたら急に病気が進行して動けなくなるかもしれん。みんなも気づいとると思うけど、最近は足の筋肉《きんにく》がおとろえてきて、階段《かいだん》を上がるのがつらくなってきとる。でも、4年前に先生がみんなの先輩《せんぱい》の歌に救《すく》われたように、きっとこれからもみんなの歌で救われたり、励《はげ》まされたりする人がいると思う。やけん、先生は合唱部への恩返《おんがえ》しの気持ちもこめて、顧問《こもん》を引きうけることにしました」

竹永《たけなが》先生の話を、部員たちは真剣《しんけん》な表情《ひょうじょう》で聞いていた。

「合唱コンクールに出るからには、全国大会初出場、そして、金賞《きんしょう》をめざしましょう。全国大会に出れば、それだけたくさんの人に日明《ひあかり》小の歌を聞いてもらえます。日本の各地には、びっくりするほど上手な学校がいくつもあります。毎年全国大会に出て金賞をとるようなところもあります。もしかしたら、そういう学校には、音程《おんてい》やハーモニーの美しさでは勝てないかもしれん。でも、日明小は〝日本でいちばん明るく、日本でいちばん元気に、日本でいちばん心をこめて歌う学校〟になろう」

先生は笑顔で言ったけれど、部員たちの表情は浮《う》かなかった。先生の病気のことが気がかりだったのだ。それに気づいた先生は、こんなことを言った。

「ＡＬＳ《エー・エル・エス》はほんとうに大変な病気、厳《きび》しい病気やけど、先生は不幸じゃないんよ。人生が終わったとも思わん。もし歩くのがつらくなったら、どんなかっこいい杖《つえ》を使おうかな、杖でも歩けなくなったら、どんなかっこいい車椅子《くるまいす》に乗ろうかな――そんなふうに考えて、先生はワクワクしとるんよ」

先生の前向きな言葉に、部員たちもようやくホッとした表情になった。

「それでは、お待たせしました。これから自由曲の楽譜《がくふ》を配ります」

「先生、なんち曲ですか!?」とナガオが待ちきれずに言った。

「これから言うけ、待っときぃ」と先生は苦笑いした。「曲名は《僕《ぼく》のドラゴン》。課題曲はかっぽで、自由曲はドラゴンだから、今年の日明小は架空《かくう》の生物シリーズやね」

竹永先生がそう言うと、部員たちの間から「おぉ、なんかゲームみたいでかっこいい！」「おもしろそうな曲！」と声があがった。

「《僕《ぼく》のドラゴン》は楽しくて、いい曲なんよ。いつも元気なみんなにはぴったりぞ。ただし、聴《き》いてる分には楽しいけど、実際《じっさい》歌うのはなかなか難《むずか》しい曲やけ、がんばって練習しよう。じゃあ、ひとりずつ楽譜《がくふ》を配っていくけぇ、呼《よ》ばれたら取りにきぃ」

先生は6年生から順番に名前を呼び、「がんばろうね」「よろしくね」と声をかけながら、うすい教科書みたいな楽譜を手渡《てわた》していった。

やがて、マナミの番がやってきた。

「マナミさん、がんばろうね」

先生が差しだした楽譜を両手で受けとりながら、マナミは「……はい」と返事をした。いつもだったら声が出せず、無言で頭を下げて逃《に》げるように立ち去るのに、そのときは小さいながらも声が出た。先生は少しおどろいた表情《ひょうじょう》をしていた。

部員たちの中で、竹永《たけなが》先生の病気の話にいちばんショックを受けていたのはマナミだった。

いつも明るくて元気でおもしろい竹永先生が、まさか不治の病をわずらっていたなんて……。マナミにはすぐには信じられなかったけれど、思いかえしてみれば、歩くときに足を引きずるようにしていたり、階段《かいだん》を上がるときにもつらそうだったり……と思い当たるフシはいくつもあった。

けれど、先生が病気だということ以上にマナミが衝撃《しょうげき》を受けたことがあった。

それは、先生が言った言葉——。

「病気だけど、不幸じゃない」

「先生はワクワクしとる」

(いままではわたし、治らない病気になったりしたら、つらくて、苦しくて、不幸になるんだと思いよった。でも、竹永先生は不幸じゃないっち言いよった……)

合唱部《がっしょうぶ》に入ると決めたときから、マナミは人前でしゃべれないことや内気なこと、臆病なこと、歌えないことなど、目の前に立ちはだかるたくさんの壁《かべ》に立ち向かってきたつもりだった。まだどの壁も越《こ》えられてないけれど、逃げだしたりはしていなかった。

(先生も……きっと壁に立ち向かっとる。わたしなんかとはくらべものにならないくらい大きな壁に。なんてすごい人なんやろう……!)

そのとき、マナミの中の「卵《たまご》」がパリッと音をたてて割《わ》れた。ひびが広がり、殻《から》がポロッと落ち、表面に穴《あな》ができた。なにかがそこから爪《つめ》を出し、キョロッと目をのぞかせた。卵の中の暗がりでその目はらんらんと光っていた。

でも、そこにいるのがなんなのか、まだマナミにはわからなかった。

（とにかく、先生が全国大会初出場と金賞《きんしょう》をめざすっち言うなら、わたしも精《せい》いっぱいがんばろう！　そして、わたしもいつか――）

マナミの黒い瞳《ひとみ》が輝《かがや》いた。

第3章

苦《くる》しみのドラゴン

ソプラノ・メゾ・アルト

楽譜《がくふ》をもらった合唱部《がっしょうぶ》の部員たちは、さっそく《僕《ぼく》のドラゴン》の練習を始めた。

竹永《たけなが》先生はみんなに、ほかの学校が歌った《僕のドラゴン》の録音を聞かせてくれた。

そのとき、みんなには、いろいろな場面が頭に浮《う》かんでくるような、楽しくてワクワクする曲に思えた。けれど、実際《じっさい》に歌ってみると、いきなり出だしから難《むずか》しい。

「この曲、ヤバいっちゃ」

ナゴが言うと、ハナちゃんも「すごく音程《おんてい》をとるのが難しそう……」とうなずいた。

ハナちゃんは4月に入部したばかりなのに、ピアノのうまさとリーダーシップをみんなに認《みと》められ、「影《かげ》の部長」と呼《よ》ばれるくらい信頼《しんらい》される存在《そんざい》になっていた。

そして、ナゴもあいかわらずみんなのお尻《しり》をたたきながら、部活を引っぱっていた。いつもきついことを言っているので、みんなから「めんどうくさいやつ」と思われているのはわかっていた。それがつらくて、ハナちゃんや家族に相談したこともある。自分が悪いんじゃないかと思ったこともある。

それでも「みんなのためにも、わたしが言わなきゃ」という思いで、真剣《しんけん》に伝えてきた。

ハナちゃんは、そんなナゴに共感してくれる親友だった。

「わたしたちに《僕のドラゴン》は歌えるんかな……。この曲、タイトルのとおり、ドラゴン級の強敵《きょうてき》やん」

ナゴはそう言った。

頭の中に、ゲームに出てくる巨大《きょだい》な竜《りゅう》のラスボスを思い浮かべた。自分たちはドラゴンを倒《たお》して、無事にエンディングにたどりつくことができるのだろうか？

「ナゴ、歌詞《かし》をよく読んだらドラゴンは敵《てき》じゃなくて味方みたいだよ？」

ハナちゃんが楽譜を見ながら言った。

「あれっ、そうなん？」

ナゴは意外に思った。ドラゴンは敵だとばかり思いこんでいた。

すると、竹永先生がみんなに向かって言った。

「パート分けをせないけんね。じゃあ、ひとりずつ先生のところに来てね。歌をちょっと聴《き》かせてもらって、本人の希望も参考にしてパートを決めよう」

それから、先生は合唱《がっしょう》のパートについて教えてくれた。

声変わりをする年ごろをすぎると、女声（女の人の歌声）が高音のソプラノと中高音のアルト、男声が中低音のテノールと低音のバスの４つに分かれるのが一般《いっぱん》的で、これを「混声四部合唱《こんせいしぶがっしょう》」と呼《よ》ぶ。

それに対して、小学校以下では男子も女子も声の高さが同じくらいだから、女声・男声という分け方をしない。これを「同声《どうせい》合唱」と呼ぶ。

日明《ひあかり》小がコンクールで歌う《かっぱ》と《僕《ぼく》のドラゴン》はソプラノ・メゾソプラノ・アルトの３つのパートに分かれるから、「同声三部合唱」になる。ソプラノが高音で、アルトが低音、メゾソプラノがその中間だ。

そこで26人の部員を３つに分ける必要があるのだ。

「あくまでパート分けのためだけやけぇ、緊張《きんちょう》せんでもいいけんね」

竹永《たけなが》先生はみんなの気持ちをほぐすように言った。ただし、そのあとに続いた言葉で、結局部員たちは緊張することになった。

「コンクールの前には、一応《いちおう》オーディションをやるよ。26人全員でも出場はできるけど、ちゃんとコンクールに出られるだけの歌を歌える人に出てほしいんよ。もちろん、目標は26人全員がそのレベルまで進化することっちゃ」

部員たちはざわついた。「きついっちゃ」「ムリかも……」という声も聞こえてきた。

「じゃあ、6年生からひとりずつ先生のところに来《き》ぃ。ほかの子たちは各自練習」

先生は部長のカナエ、副部長のナゴ、「影《かげ》の部長」のハナちゃん……と次々《つぎつぎ》に6年生を呼んだ。

あっという間にマナミの番がまわってきた。

「マナミさん、本当に緊張せんでいいからね。ここの部分、ちょこっとだけ歌《うと》うてくれん？」

先生は、前にマナミをひとりで歌わせようとして泣かせてしまったことを思いだしたのか、気をつかいながらやさしく言った。

マナミは指定された《かっぱ》の一部分を歌った。

はじめは緊張で手足が震《ふる》え、逃《に》げだしたくなった。でも、「卵《たまご》」の中から見つめている目が、マナミを応援《おうえん》してくれている気がした。思い切って口を広げ、歌ってみた。小さいけれど、声が出た。ひとりで歌えた！

マナミが歌い終えると、先生はウンウンとうなずいた。

「マナミさんは《かっぱ》はソプラノやったね」

「……はい」

「まだ声は小さいけど、ちゃんと歌えたのは大きな成長《せいちょう》やね。それと、マナミさんは音程《おんてい》——つまり、正しい音の高さで歌えること、高い音から低い音まで広い音域《おんいき》で歌えることが素晴《すば》らしいっちゃ。これは誰《だれ》にでもできることじゃないんよ」

マナミは信じられなかった。先生が、自分の歌をほめてくれた！　しかも、音程のことも、音域のことも、自分ではまったく意識《いしき》したことがなかった。

「やけん、自信を持って歌っていいんよ？　肩《かた》に力が入ってると、大きな声も出ないし、よく響《ひび》くいい声にならないっちゃ。リラックスして歌えるようにがんばってみよう」

「はい！」

がんばってきてよかったとマナミは思った。それに、竹永《たけなが》先生にほめられたことがうれしかった。

「パートはどこがやりたい？」

「どこでもいいです」

「じゃあ、《僕《ぼく》のドラゴン》ではアルトをやってもらおうかな。３つのパートの中ではいちばん低いパートやけど、アルトがしっかりしとったら、合唱《がっしょう》全体がどっしり落ちつくし、ハーモニーが美しく響くんよ」

「はい」

「４月に合唱をはじめたばかりでアルトができるんは、すごいことだよ」

先生はにっこり笑った。

「はい！」

マナミはアルトパートになることを喜《よろこ》んで受けいれた。

マナミのドラゴン

竹永《たけなが》先生によるパート分けの結果、《僕《ぼく》のドラゴン》で部長のカナエ、ナゴとテッちゃん、カネコくん、サクラ、サキはソプラノ、ハナちゃんはメゾ、ナガオはマナミと同じアルトに決まった。

合唱部《がっしょうぶ》の部員たちは《かっぱ》と《僕のドラゴン》の2曲を集中して練習しはじめた。活動の時間には日明《ひあかり》小の前の校長で音楽大学で声楽を学んだ経験《けいけん》のある花田《はなだ》先生、前の顧問《こもん》だった本幡《もとはた》先生も応援《おうえん》に来て、いろいろとアドバイスや指導《しどう》をしてくれた。いまの校長の肘井《ひじい》先生も音楽の先生で声楽が専門《せんもん》だから、合唱部のために協力をおしまなかった。

竹永先生は時間を見つけては合唱指導の講習会《こうしゅうかい》に出かけたり、ほかの学校の練習の様子を見学しに行ったりしていた。

竹永先生はやはり足を少し引きずったりしていたが、マナミの目にはＡＬＳ《エー・エル・エス》の症状《しょうじょう》が進んでいるようには見えなかった。

先生も、こんなことを言った。

「みんなといっしょに合唱やってると、自分が病気だってことを忘《わす》れるんよ。先生は勝手に、みんなの歌が薬になってALSの進行が遅《おく》れてるんじゃないかっち思っとる。おまけに、前よりイケメンになったやろ？」

先生がおどけながらメガネをはずすと、部員たちが爆笑《ばくしょう》しながら「キモ〜い！」と声を上げた。

「そうやってみんなが気をつかわんで先生をいじってくれることが、うれしいんよ。まちがっても『先生は病気だから、言うことを聞こう』なんて思わんどき」

（わたしたちの歌で、本当に先生の病気が止まったらいいのに）

先生にできるかぎりいい歌を聴《き》かせたいとマナミは思った。


けれど、日明小合唱部の苦戦は続いた。

花田先生や本幡先生は、《かっぱ》だけなら全国大会に出られるくらいのレベルだとほめてくれた。その一方、《僕のドラゴン》はおせじにも「うまい」とは言えない状態《じょうたい》だった。

音が急に高くなるところがあったり、音を半音下げるフラットがあちこちに出てきたり、最初は4分の4拍子《びょうし》だったのが途中《とちゅう》から4分の3拍子や2分の2拍子になったり、あげくは楽譜《がくふ》に音を半音上げるシャープが5つもつくところがあったり……。

「あー、もう頭がこんがらがりそうっちゃ！」

ナガオが丸刈《まるが》りの頭をかきむしったけれど、みんなも同じ気持ちだった。

マナミは楽譜を家に持って帰り、じっくりと読んでみた。

音符《おんぷ》や記号よりも気になったのは歌詞《かし》だった。

《僕《ぼく》のドラゴン》に描《か》かれているのは、こんな物語だ。

主人公の少年の心の中には秘密《ひみつ》の泉《いずみ》があり、そこにはドラゴンがひっそり棲《す》んでいる。

少年が悲しみやさびしさ、苦しさをがまんしたとき、誰《だれ》かにやさしくできたとき、がんばれたとき、そのドラゴンは大きく成長《せいちょう》する。少年はいつかドラゴンの背中《せなか》に乗って空に浮《う》かぶ雲を飛《と》びこえることを夢見《ゆめみ》る――。

「あっ……」

思わず声が出た。マナミはようやく気づいたのだ。

「《僕のドラゴン》は勇気の歌やね」と先生も言っていた。「ただ歌うだけじゃなく、みんなも心の中のドラゴンを育てていこう。先生も、先生のドラゴンを育てるけん」

そうだ。

マナミの中に生まれた「卵《たまご》」。その殻《から》を破《やぶ》り、するどい爪《つめ》や輝《かがや》く目をのぞかせていたのは、マナミのドラゴンだったのだ。

気づくと、心の中のどこにも卵はなく、そのかわり、小さなドラゴンがちょこんと座《すわ》っていた。ゲームに出てくるモンスターのドラゴンとは違《ちが》い、大きくてやさしい目をしている。背中につばさはあるけれど、それもまだ小さくて頼《たよ》りなく、とても空を飛べそうにはなかった。

育てていこう、このドラゴンを――。

古賀《こが》先生の怒《いか》り

その後も、日明《ひあかり》小合唱部は《僕のドラゴン》に手を焼きつづけた。

みんなで歌う練習をするとき、竹永《たけなが》先生は料理に使う菜箸《さいばし》を指揮棒《しきぼう》のかわりにして、楽譜《がくふ》を置く台をカンカンとたたきながらテンポをとる。

「さん、はい！」

先生の合図でみんなは歌い始めるけれど、うまくいっていないと先生は歌を止め、指示《しじ》を出す。そして、また歌がはじまるのだけれど、うまくいかないと、また止まる。

毎日がそのくりかえしで、部員たちにはだんだんとストレスがたまっていった。

「《僕《ぼく》のドラゴン》は難《むずか》しすぎるっちゃ！」

「もう歌えんかも」

「この歌、大変っちゃ！」

そんな声も聞こえるようになっていた。

一方、《かっぱ》を歌うと、見ちがえるようにいきいきとした合唱《がっしょう》になる。竹永先生もどうしたらいいものかと悩《なや》んでいた。

部員たちの中には、《僕のドラゴン》の練習中によそ見をしたり、つまらなそうな顔をしたり、やる気のない歌い方をしたりする者もいた。

(県大会まで1カ月くらいしかないのに、なんでみんな、もっと真剣《しんけん》に練習せんのやろう？)

ナゴは心の中で腹《はら》を立てていた。

(先生は病気のことを「気をつかわんで」っち言いよったけど、病気の先生がこんなにがんばって教えてくれとるのに、部員がこんな状態《じょうたい》なのは絶対《ぜったい》ダメだ！)

ナゴが前に出て、ハナちゃんのピアノで「アエイオウ」などをやるときはもっとひどかった。ナゴとハナちゃんは部活が終わったあとの帰り道に、よく「なんでみんな真剣にやってくれんのやろ」「イライラするっちゃ」とグチを言い合った。

そんな部内の状態が、ついに決定的な事件《じけん》を引きおこしてしまったのだった。

その日、合唱部は音楽ホールを借りて練習をしていた。「ホール練習」と呼《よ》ばれる練習で、コンクール本番に備《そな》えた大切な練習だ。

前の校長の花田《はなだ》先生も来てくれて、真剣な練習が続いた。

部員たちは、花田先生が指揮《しき》をしているときはピシッとして、歌声もまとまっていた。

竹永《たけなが》先生も「みんな、こんな上手に歌えるんや」と感心していた。

ところが、いざ竹永先生が指揮《しき》をしはじめると、部員たちはダラダラした態度《たいど》になり、歌も急にレベルが下がってしまった。先生は必死に両手を振《ふ》って、みんなのテンションを上げようとしたけれど、やる気のない雰囲気《ふんいき》は変わらなかった。

また、先生が「ここはもっと思いをこめて……」などとアドバイスをしているときも、よそ見をして聞いていない部員がいた。

ナゴはずっとイライラしており、爆発《ばくはつ》しそうになっていたが、その前に爆発したのはなんとピアノ伴奏《ばんそう》の古賀《こが》先生だった。

「あんたたちは大人をなめとる。相手によって歌い方を変えるとかありえん。竹永先生がどんな思いで指揮しとるか、わからんのね！」

古賀先生がピアノの前で立ち上がって叫《さけ》ぶと、ホールの中にその声が響《ひび》いた。

部員たちはおどろいた顔で古賀先生を見つめ、しんと静まりかえった。竹永先生は唇《くちびる》をかみながらうつむいていた。

先生の大きな体が、ナゴにも、マナミにも、なんだか小さく見えた。

先生がやめる⁉

次の日の部活は変な雰囲気だった。

ナゴやハナちゃんたちは深刻《しんこく》な表情《ひょうじょう》をしているのに、一方で遅刻《ちこく》してくる人がいたり、何もなかったかのように大さわぎしている人たちもいた。

足を引きずるようにしながら音楽室へやってきた竹永先生は、いつもの明るさがなかった。

先生はみんなの前に立つと、こう語りかけた。

「正直に言うけど、昨日のホール練習は先生にとってもショックでした。前の本幡《もとはた》先生のときには、みんなはちゃんと話を聞いて、歌にも真剣《しんけん》に取り組みよったやろ？　いま、みんなが練習に集中できなかったり、いい歌が歌えなかったりするのは、顧問《こもん》が変わったからら。先生が原因《げんいん》なんよ」

竹永先生がそう言うと、ハナちゃんが首を左右に振りながら泣きはじめた。

先生は話を続けた。

「先生の望みは、みんなが100パーセントの力を発揮《はっき》して、人に勇気や感動を与える歌を歌ってくれることなんよ。先生が顧問《こもん》をやっとると力が発揮できんなら、みんなにとって必要な新しい顧問の先生を選んでください」

先生はけっして怒《おこ》っているわけでも、投げやりになっているわけでもなかった。落ちついた表情《ひょうじょう》で、静かに自分の思いを語っていた。

その先生の態度《たいど》が、ナゴにはつらかった。

ときどき、クラスが騒《さわ》がしかったりすると「もう勝手にしなさい！」と怒って職員室《しょくいんしつ》に帰ってしまう先生がいる。でも、それは先生が本気で生徒たちのことを投げ出したわけではなく、「反省して、謝《あやま》りにきなさい」という意味だということがナゴにはわかっていた。けれど、いまの竹永《たけなが》先生はそうではない。本気で合唱《がっしょう》カンパニーの顧問をやめようとしている。

「先生が病気でかわいそうだから、とか考えんでいいけ。みんなが合唱カンパニーにふさわしい新しい顧問を決めたら、先生もいっしょにお願いにいくけん。誰《だれ》がいいか、ゆっくり話し合ってみぃ」

先生は足を引きずりながら音楽室を出ていってしまった。

静まりかえった音楽室に、ハナちゃんのすすり泣く声だけが響《ひび》いた。

ナゴは思いきってみんなの前に出た。

「みんな、先生がやめてもいいいん!?　わたしは先生に合唱部から離《はな》れてほしくないっちゃ！」

部員たちは気まずそうな顔をし、ナゴから目をそらした。きっと、また「めんどうくさいやつ」と思われているかもしれない。でも、いまはそれどころじゃない！

すると、ハナちゃんが泣きながら言った。

「わたしたちが悪いのに、わたしたちのためにがんばってくれとる先生に、恩《おん》をあだで返すようなことをしちゃいけんと思う」

カネコくんもハナちゃんに続いて意見を言った。

「竹永先生が顧問で、ぼくは楽しかった。やけん、これからも続けてほしいっち思っとる」

「先生がやめたり、どっかに行っちゃったりするのはイヤや」とサクラも言った。

その後、部員たちは口々《くちぐち》に「やっぱり竹永《たけなが》先生がいい」と言った。

気づくと、ナゴも泣いていた。

「先生が悪くないのに、やめるっていう決断《けつだん》をわたしたちがさせちゃったっちゃ。それに……古賀《こが》先生が言っとったように、わたしたちは竹永先生の思いをちっとも考えとらんかった。みんな、先生の体がちょっとずつ動かなくなってるの、気づいとるやろ？　先生は大変な病気なのに、わたしたちのために残された時間を使いたいっち言ってくれたやん。そんな先生に、わたしたちはなにをした!?」

音楽室にすすり泣く声が広がった。

「先生にあやまりたい」

「先生、ごめんなさい……」

そんな声が聞こえてきた。

「みんなであやまりにいこう」とナゴは手で涙《なみだ》をぬぐった。

ナゴとハナちゃんを先頭に、部員たちは職員室《しょくいんしつ》の竹永先生のところへ行った。目を泣きはらしてやってきた合唱部《がっしょうぶ》の部員たちを見て、ほかの先生たちが驚《おどろ》いていた。

「顧問《こもん》をお願いしたい先生は決まった？」と先生は言った。

みんなを代表し、ナゴが泣きながら話した。

「全員で話しあって、これからも竹永先生に顧問をやってほしいっち意見で一致《いっち》しました。先生、本当にごめんなさい！　気持ちを入れかえてがんばるので、合唱部の指導《しどう》をつづけてください！」

ナゴが頭を下げると、ほかの部員たちも口々に「お願いします！」と言いながらナゴにならった。

竹永先生はやさしい笑みを浮《う》かべ、こう言った。

「みんなの真剣《しんけん》な気持ちと決意が伝わってきました。それじゃあ、これからも合唱部の顧問をつづけさせてもらいます。だけど、もう先生も中途半端《ちゅうとはんぱ》な指導はせんけんね。みんなの本気の歌声を引きだしたいけん、先生も本気でやるよ」

部員たちは声を合わせて「はい！」と答えた。

「目標は全国大会に出場すること。そして、金賞《きんしょう》をとること。〃日本でいちばん明るく、日本でいちばん元気に、日本でいちばん心をこめて歌う学校〃になることやね。目標に向かって、力《ちから》いっぱい《いっぱ》がんばるぞ！」

「おー！」

部員たちは大きな声で叫《さけ》んだ。その中にはマナミの声もまじっていた。

（わたしも真剣《しんけん》さが足りなかったたっちゃ。これからも竹永《たけなが》先生といっしょに合唱《がっしょう》ができることになって、本当によかった！）

マナミの目にも涙《なみだ》がにじんだ。

それは、いままでふんわりとした集団《しゅうだん》だった合唱部が、ギュッとひとつにまとまった瞬《しゅん》間《かん》だった。

「日本でいちばん明るく、日本でいちばん元気に、日本でいちばん心をこめて歌う学校」に！

第4章 成《せい》長《ちょう》するドラゴンたち

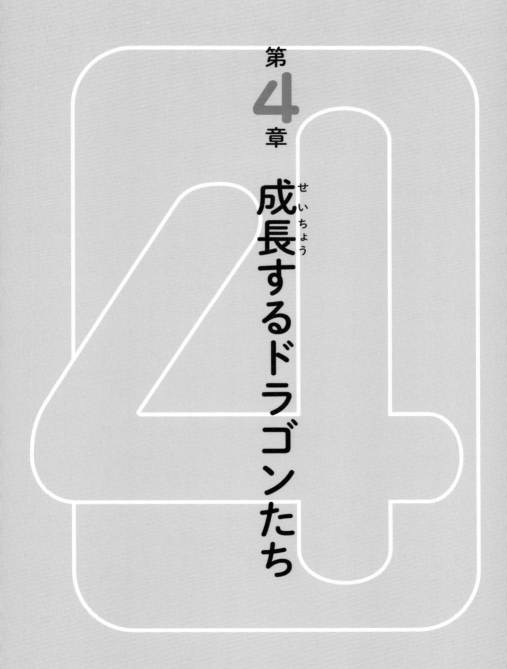

カネコくんのドラゴン

合唱《がっしょう》コンクールが近づいていた。

日明《ひあかり》小学校合唱部の部員たちは《僕《ぼく》のドラゴン》に悪戦苦闘《あくせんくとう》しながらも、前よりも真剣《しんけん》に練習に取りくむようになった。正しい音程《おんてい》で歌うのが難《むずか》しいところでは、ハナちゃんが中心になって、音の高さに合わせて手のひらを上げ下げするなど工夫もした。

4月にはみんな苦しんでいた腹筋《ふっきん》も、いつの間にかほとんどの部員ができるようになっていた。

ナゴが前に出て部員たちだけで練習をするときも、きつい言葉で怒《おこ》ることが減《へ》った。

マナミも前に比《くら》べてさらに声が大きく出せるようになっていた。以前は会話がなかった部員たちともおしゃべりできるようになってきていた。

でも、マナミがいちばんおどろいたのは、カネコくんの成長《せいちょう》だ。

カネコくんの歌声は、いまでもまだみんなに比べて見劣《みおと》りするところもあったけれど、入部したころのとんでもない歌とはちがい、かなり正しい音程で歌えるようになってきていたのだ。

「カネコくん、上手になったね。隣《となり》のうまい子たちの歌をよく聞いて練習するように、っち先生が言いよったけど、その成果が出たんやない？」

練習時間が終わったあと、マナミはカネコくんをほめた。

カネコくんは笑いながら腰《こし》に手をあてて「えっへん！」といばるようなポーズをした。

「それだけじゃないっちゃ。じつはぼく、誰《だれ》にもナイショで練習したんよ。家でネットの動画の歌を聞きながら歌ったり、カラオケボックスに行ったり」

「ホントに!?」

「みんなで合唱しとるとき、たまーに音程がぴったり合うとめっちゃ気持ちいいっちゃ。『もしも、ずっと音程を合わせて歌えたら、もっともっと気持ちいいんやろね』っち思って」

「カネコくん、すごいやん！」

マナミは心から感心した。

誰《だれ》も見ていないところで努力をするのは、なかなかできることではない。それに、部活の練習もあるのに、それ以外に自分でも練習するなんて。

勇気を出して行動したり、がんばったりしたときに、ドラゴンは大きくなる――《僕《ぼく》のドラゴン》の歌詞《かし》にはそんなことが書かれている。

きっとカネコくんのドラゴンは前よりも大きく成長《せいちょう》しているはずだ。

(わたしもがんばらんといけん!)

マナミは思った。

そう思えることがなんだかうれしかった。がんばりたいという気持ちを与《あた》えてくれたカネコくんに感謝《かんしゃ》したかった。

マナミの中のドラゴンはまだ小さいままだった。けれど、マナミの心の変化を喜《よろこ》んでくれているような気がした。

2022年度がはじまってから、たった4カ月。その間にいろいろなことがあったけれど、この短い期間にいつのまにか、マナミを含《ふく》めたみんなが大きく成長していた。

けれど――。

竹永《たけなが》先生は、歩くときに少しずつ足をひきずるようになっている。

練習中はピアノに寄《よ》りかかったり譜面台《ふめんだい》をつかんだりして、
ぐらつく体を支《ささ》えている。

「おっと」

竹永《たけなが》先生は体をぐらつかせ、手で譜面台《ふめんだい》をつかんだ。

最近になって、先生が前よりも何かにつかまって体を支《ささ》えているのをよく見かけるようになった。

（先生……先生の病気は……）

マナミは竹永先生を静かに見つめた。

オーディション

コンクールを前にして、竹永先生は部員たちにオーディションをおこなった。コンクールに出るためのテストのようなものだ。

一人ずつ先生の前で歌ってもらい、ある程度《ていど》のレベルに達していたら合格《ごうかく》。そうでなければ保留《ほりゅう》にして、また練習を重ね、再度《さいど》オーディションをするのだ。

部長のカナエやテッちゃん、ナガオといった「歌ウマ」の子たち、さらに、ナゴやハナちゃんは一発で合格だった。マナミもすぐに合格をもらえて、おどろいた。

カネコくんはさすがに苦戦し、何度か落ちてしまった。けれど、持ちまえの明るさと前向きさで挑戦《ちょうせん》を続け、ついに先生から「いいやろ」と合格をもらえた。

問題は、コンクール直前になっても合格できない部員が2人いることだった。

6年生だけを集めて、竹永先生は言った。

「ちゃんとコンクールに出られるだけの歌を歌える人に出てほしい、っち前に話したよね？　結果として、いまのところ2人がコンクールに出られんことになってるんやけど、みんなはどう思う？」

部員たちはみんな気まずそうに視線《しせん》をそらした。

「誰《だれ》もなんも言わんね？」

先生が言ったが、みんなは口をつぐんでいた。

（みんなで出られればいいんやけど、それで先生が目標にしてる全国大会出場と金賞《きんしょう》はとれるんかな……）

マナミはどちらがいいのか判断《はんだん》できなかった。

横目でそっとナゴのほうを見てみた。全国大会出場にいちばんこだわっていたのはナゴだ。合唱《がっしょう》についても誰《だれ》よりも厳《きび》しい。

けれど、ナゴもうつむいたまま、何も言おうとしない。

(ナゴも迷《まよ》いよるんかもしれん)

すると、先生がこう提案《ていあん》した。

「そしたら、手をあげてもらおうかな。オーディションで合格《ごうかく》した人だけで出たほうがいいっち意見の人と、全員で出たほうがいいっち人で聞くけん」

マナミはドキッとした。まだ気持ちを決められていないけれど、どちらかを選ばなければならない。

(こういうの、ホントに苦手っちゃ。どっちにしたらいいんやろ……)

マナミが迷っているうちに、先生が聞きはじめた。

「じゃあ、合格した人だけで出るのに賛成《さんせい》の人は手をあげて」

最初は誰も手をあげなかった。

けれど、やがて、パラ……パラ……と手があがりはじめた。ナゴも、カネコくんも手をあげた。

（あぁ、これでいいんやろか……）

マナミは気持ちを決めきれないまま、流されるように手をあげてしまった。

「ん？　全員かな？」

先生は見まわしながら、言った。

「念のために聞いておくね。全員で出るのに賛成の人」

すると、静まりかえった音楽室の中で、スッと1本の手があがった。

それは、テッちゃんだった。

みんなもそうだが、先生もおどろいたようだった。

「テッちゃん、手をあげたのはたったひとりやけど、理由をみんなに話してくれんか？」

竹永《たけなが》先生が言うと、テッちゃんはスッと立ちあがり、口を開いた。

「合格できなかった2人も、出してあげてもいいんやないか」

いつものクールな表情《ひょうじょう》のまま、テッちゃんは言った。

「いままで全員でがんばってきたんやけ。コンクールも、全員で出たらいいっち思っただけ」

「テッちゃん、ありがとう。座《すわ》りぃ」

先生に言われ、テッちゃんは腰《こし》をおろした。

「テッちゃんから意見が出ました。コンクールにオーディションで合格《ごうかく》した子だけで出るっちいうんは、先生が言い出したことやね。でも、コンクールで歌うのはみんなやし、コンクールは先生のためのものやない。みんなのためのものや。やけん、どうするかはみんなで話し合って、みんなで決めりぃ」

先生が音楽室の隅《すみ》へ行ってしまったので、ナゴが前に出た。

「意見のある人？」

みんな口が重そうだった。けれど、だんだんと意見が出るようになった。

「合格できなかった人を出すんは、ちゃんと合格した人が納得《なっとく》できんのやないか」

「うまく歌えない人を出したら、全国大会に出られん」

最初は反対意見が多かった。

けれど、少しずつ風向きが変わっていった。

「2人に悲しい思いをさせてまで全国大会に出る意味があるんか？」

「テッちゃんが言ったように、やっぱり全員で出たい」

そんな意見が増《ふ》えていった。

すると、テッちゃんがまた立ちあがった。

「2人を入れると全国大会に出られないっち人がおるんなら、オレたち6年生で責任《せきにん》をもって2人を教えたらいいと思う」

テッちゃんの言葉に、みんなは笑みを浮《う》かべてうなずいた。

マナミはひと言も意見を言えなかったけれど、このときはいっしょにうなずいた。

「じゃあ、もう一度挙手をしてください」とナゴはみんなに向かって言った。「オーディションに合格した人だけで出たい人？」

誰《だれ》も手をあげなかった。

「全員で出たい人？」

みんなが手をあげた。テッちゃんはもちろん、前にいるナゴも、マナミも。

テッちゃんはうれしそうに笑った。

(きっといま、テッちゃんのドラゴンは大きく成長《せいちょう》したんやろな……)

マナミはそう思った。テッちゃんの中にいるクールなドラゴンの姿《すがた》が目に浮《う》かぶようだった。

不合格《ふごうかく》だった2人は、その後、6年生のフォローもあってみごと再《さい》オーディションに合格《ごうかく》。文句《もんく》なしに全員でコンクールにいどめることになった。

みんなのドラゴンがどんどん大きくなっていく。

それは頼《たの》もしくもあったけれど、マナミはあせりも感じた。

ドラゴンポーズで「ギャーオ!」

「みんなでいい答えを出せたね。先生もその結論《けつろん》に賛成《さんせい》や」

竹永《たけなが》先生はニコニコしながら音楽室の隅《すみ》っこから中央の指揮台《しきだい》のところへ戻《もど》ってきた。

「コンクールには全員で出ることが決まったところで、先生からみんなにもうひとつ相談があるんよ」

部員たちが警戒《けいかい》したのを見て、先生は苦笑した。

「そんなめんどうくさい話じゃないよ。《僕《ぼく》のドラゴン》のいちばん最後のところ。楽譜《がくふ》をよく見てみ？」

マナミは楽譜を開いてみた。

ふつうは音符《おんぷ》や記号ばかりがならんでいる楽譜の、最後から３小節目にこんなことが書かれていた。

『龍《りゅう》の叫《さけ》び、または火を吐《は》く様を自由に表現《ひょうげん》する。有声音、無声音どちらでもよい』

音符は上のミと下のレがあり、その間は波線でつながれていた。どちらもふつうの音符ではなく、ミは丸の中にバツ印、レはバツ印だ。そして、歌詞《かし》のところには『(たとえば)Ｇａ《ガ》―Ｏ《オ》!!』と書かれている。

マナミは前からそこが気にはなっていたけれど、よくわからないまま放置していた。

先生は説明を始めた。

「ここは、楽譜のままやったら、上のミから下のレにかけて声の高さを下げながら『ガーオ！』っち歌うってことなんよ。でも、『自由に表現する』っち書いてあるやろ？　つまり、そのとおりやなく、ある程度《ていど》はそれぞれの学校が自由にやってもいいっちことなんよ。ちなみに、有声音はのどの声帯を震《ふる》わせる音のことで、日本語のほとんどは有声音。無声音は、たとえば静かにさせるときに『シーッ！』っち言うやろ？　あの『シーッ』は声帯を震わせせんから無声音なんよ」

なるほど、そういう意味だったのか、とマナミは初めて理解《りかい》した。

「で、日明小《ひあかり》はどうしようか、っち相談よ」

みんなは自由にやってもいいということを聞いて急に元気になり、まわりの子たちとあれこれしゃべりはじめた。

「ドラゴンが火を吐《は》くときってどんな声や？」

「やっぱ、ブォォーッやろ」

「オリャーッはどうや？」

音楽室は話し声と笑い声でいっぱいになった。

竹永《たけなが》先生が言った。

「大事なコンクールの最後のシメやけんな。ふざけるんはいけんよ。でも、日明小らしく、明るく元気にしたいよね」

手をあげて立ちあがったのは丸刈《まるが》り頭に半袖短《はんそで》パンのナガオだった。

「やっぱドラゴンやし、ギャーオっち叫《さけ》ぶんはどう？」

「いいね」と先生は言った。

「せっかくなら、ギャーオっち言うんといっしょに、なんかポーズもしたらどうですか？」

そう提案《ていあん》したのはカネコくんだった。

「たとえば、どんなポーズや？」

先生に聞かれ、カネコくんは腕組《うでぐ》みをして少し考えた。

「ひらめいた。両手をドラゴンの爪《つめ》みたいにこうやって――」

カネコくんは両手の爪を立てて何かを握《にぎ》るような形にした。

「で、こう、顔を前に出しながら、右足を一歩踏《ふ》みだすんよ」

「そのアイデア、すごくいいやん」と先生は言った。「特に、一歩踏みだすのはインパクトがあるし、盛《も》り上がりそうや。じゃあ、それで決定でいいかな？」

みんなはウンウンとうなずいた。

「おまえ、今度は絶対《ぜったい》に忘《わす》れんなよ」

そう言ったのはテッちゃんだった。

テッちゃんはまだ「かっぱのうらぎり」事件《じけん》を根に持っていたのだ。

「もう二度と忘れんっちゃ！」

カネコくんがあわてて言うと、みんなが爆笑《ばくしょう》した。

第5章

挑戦《ちょうせん》！　合唱《がっしょう》コンクール

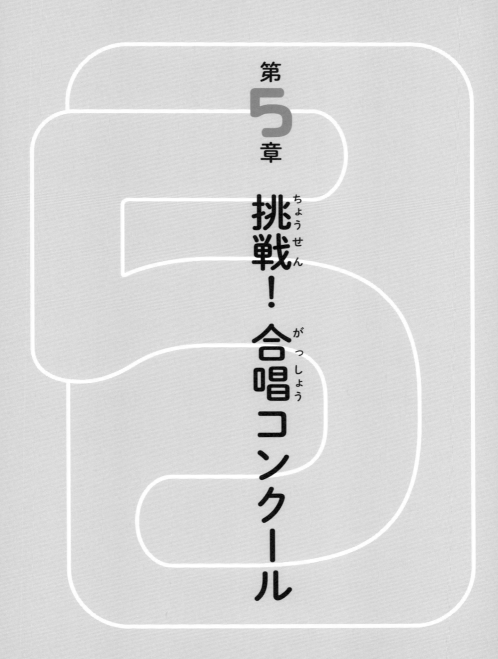

夏休みと福岡《ふくおか》県大会

夏休みが始まった。

クラスの友だちはそれぞれに海水浴や旅行、親の故郷《ふるさと》への帰省などに出かけていったけれど、合唱部《がっしょうぶ》の部員たちは音楽室に集まり、コンクールに向けた練習を続けていた。

「ねぇ、せっかく夏休みだから遊びにいきたかったたっち言っとる子もおるけど、どう思う？」

ナゴがハナちゃんに聞いた。

「うーん、わたしは合唱やってるほうが楽しいかなぁ。去年までは結局ダラダラしちゃう日が多かったけん」

ハナちゃんはいつものようにフワフワと笑う。

「わたしもおなじっちゃ。コンクールが近づいてくるぞっていうドキドキ感を味わいながら、学校のみんながおらんガランとした校舎《こうしゃ》に入って、真剣《しんけん》に練習するのって、おもしろいやろ」

ナゴが言うと、ハナちゃんは「うん！」とうなずく。

「わたしは去年もコンクール出とるけど、わけもわからず上級生にくっついて動いてただけやし。今年は竹永《たけなが》先生が来て、波瀾万丈《はらんばんじょう》やけど、なんかこう……充実感《じゅうじつかん》あるわ」

「わかる。精《せい》いっぱい生きとるって感じ？」

「それっちゃ！」

ナゴとハナちゃんは笑いあった。

北九州《きたきゅうしゅう》のまちに降《ふ》りそそぐ日差しは強烈《きょうれつ》だった。音楽室の窓《まど》からは、花壇《かだん》で揺《ゆ》れている大きなヒマワリが見えた。夏になって、海から吹《ふ》いてくる潮風《しおかぜ》のにおいが濃《こ》くなったようだった。

（この窓から見る夏の景色も、もう今年が最後か……）

ふと、そんな思いがナゴの頭をよぎった。

合唱コンクールの福岡県大会は８月７日だった。

実は、その４日前の８月３日にもＮＨＫ《エヌ・エイチ・ケー》全国学校音楽コンクール、通称《つうしょう》「Ｎ《エヌ》コン」の県大会があり、日明小《ひあかり》は代表に選ばれて九州《きゅうしゅう》・沖縄《おきなわ》大会に出ることが決まっていた。

N《エヌ》コンの県大会は、最初の大会ということでみんなもピリッとしていたけれど、金賞《きんしょう》をもらって代表に選ばれ、ワーッと盛《も》りあがったあと、なんとなく緊張感《きんちょうかん》が切れてしまった。それに、合唱《がっしょう》コンクールのほうの県大会は、小学校は2校しか出場しない。よほどのことがないかぎり、その2校とも九州大会には行けることが前もってわかっていた。

本番に向けた緊張《きんちょう》はあった。その一方で、「この県大会はどうってことないものなんだ」という空気もただよっていた。まったく正反対の気持ちをかかえた部員たちは、どっちつかずの中途半端《ちゅうとはんぱ》な状況《じょうきょう》に置かれていた。

出番を待っているとき、ハァッとため息をついたり、少し顔が青くなっていたり、とあきらかに緊張している人もいれば、おしゃべりしたり笑ったりしている人もいる。

（いい意味での緊張なら集中力につながるけど、なんかいまのみんなの緊張はちょっと違《ちが》う。気持ちがバラバラになってる気がするっちゃ……）

ナゴはそう思った。

「ナゴ、どうしよう……頭の中がまっ白やぁ」

ハナちゃんはナゴの手を握《にぎ》ってきた。汗《あせ》ばんだ、冷たい手だった。

ハナちゃんは緊張している。ナゴも、だ。

(でも、いまのバラバラな状態《じょうたい》のままで歌って大丈夫《だいじょうぶ》なんかな)

ナゴは不安を感じたが、みんなに何か話しかける時間もなく、日明小の出番が来てしまった。

音楽ホールのステージ上に立ったとき、マナミは自分の体がガチガチに硬《かた》くなっているのを感じた。

(やっぱり怖《こわ》いっちゃ……)

まぶしいステージ、目の前にずらっとならんだ客席。そして、こちらをじっと見つめている観客たち……。

北九州《きたきゅうしゅう》合唱祭のときにも、Nコンのときも感じた。

(怖い、怖い、怖い……。客席にいる人はみんなネコや……)

そう思ってみても、やはり体が震《ふる》えてしまう。

スーツで正装《せいそう》した先生がみんなの前に立った。笑みを浮《う》かべているけれど、楽譜《がくふ》を置いた譜面《ふめん》台に手をついている。

（先生、まっすぐ立っとるのがつらいんかな……）

先生は譜面台から手をはなし、指揮《しき》をはじめた。古賀《こが》先生のピアノが《かっぱ》の前奏《ぜんそう》をかなではじめた。

みんながいっせいに息を吸《す》いこみ、口を開けて歌いはじめた。

マナミもあわてて歌う。緊張《きんちょう》のせいか、あまり声が出ていない気がした。息をきちんと吸えていないからか、なんだか苦しく、中途半端《ちゅうとはんぱ》なところで息つぎをしたくなってしまう。

そのとき、ふと竹永《たけなが》先生の言葉が頭に浮かんできた。

「肩《かた》に力が入ってると、大きな声も出ないし、よく響《ひび》くいい声にならないんよ。リラックスして歌えるようにがんばってみよう」

気づくと、マナミの肩は上がり、カチカチになっていた。

（よけいな力を抜《ぬ》こう……リラックスして、声を響かせよう……）

マナミは心の中でそう唱え、肩の力を抜いていった。すると、少し声量が増《ま》した気がした。

（もっと力を抜いて……口を大きく開いて……）

自分の歌声がはっきり聞こえた。

指揮をする竹永先生がマナミのほうを見た気がした。

（先生にもわたしの声が聞こえたんかな）

マナミはうれしくなった。

そのとき、マナミは自分の中にいるドラゴンが立ち上がった気がした。ドラゴンの体は成長《せいちょう》していた。前は犬くらいのサイズだったのに、いつの間にかドラゴンの頭の高さはマナミの身長と同じくらいになっている。ワニのように口が長く伸《の》び、その先っぽの鼻の左右からは銀色のヒゲが伸びていた。

マナミにはそのドラゴンの姿《すがた》がありありと見えた。

日明《ひあかり》小の合唱《がっしょう》は《かっぱ》が終わり、《僕《ぼく》のドラゴン》に変わった。

やはり歌うのは難《むずか》しい。それに、今日はみんなの声も気持ちもひとつになっていない感じがした。

それでも、マナミは大きな声で歌った。歌詞《かし》の中に登場するドラゴンは主人公「僕《ぼく》」の勇気ややさしさで成長《せいちょう》する。マナミのドラゴンもそれと同じだ。

マナミの歌は、まだ声の大きさが足りない。アルトというパートにとって大切な低い声も出せていない。

（いまできる精《せい》いっぱいで歌おう！　わたしにはドラゴンがついとる！）

マナミはドラゴンの存在《そんざい》をすぐ近くに感じながら歌いつづけた。

（でも……どうしてわたしのドラゴンは飛《と》ばんのやろ？）

ドラゴンの背中《せなか》にはつばさがある。ドラゴンは立ち上がってはいるけれど、そのつばさを開こうとはしていない。

まだなにかが必要なのだろうか？

マナミは最後にみんなでいっしょに「ギャーオ！」と叫《さけ》び、コンクールを終えた。

客席からの拍手《はくしゅ》を聞きながら、マナミはステージをあとにした。

悔《くや》しさと成長

真夏の昼間なのに、日明《ひあかり》小の音楽室はうす暗く感じられた。

合唱《がっしょう》コンクールの福岡《ふくおか》県大会は、問題なく金賞《きんしょう》を受賞《じゅしょう》でき、県代表にも選ばれた。九州《きゅうしゅう》大会に出場できることが決まったのだ。

講評用紙《こうひょうようし》という紙に書かれた審査員《しんさいん》からの評価《ひょうか》やアドバイスの内容《ないよう》もけっして悪くはなかった。

ただ、夏休みが終わりに近づいた8月25日、日明小合唱部はN《エヌ》コンの九州・沖縄《おきなわ》大会に出場したものの銀賞《ぎんしょう》となり、全国大会への出場はかなわなかったのだ。

「結果は結果として受け止めよう。Nコンは九州から全国大会に1校しか出られんけど、合唱連盟《れんめい》のコンクールは8校も出られるんよ。1カ月後におこなわれる合唱コンクールの九州大会に全力でぶつかっていこう」

竹永《たけなが》先生はそう言った。

けれど、部員たちは浮《う》かない表情《ひょうじょう》をしていた。

「みんな、どうした？」と先生が聞いた。

すると、ナゴが立ちあがって答えた。

「先生、ワタシ、くやしいです。全国大会に行くためには、県大会くらいラクラクでクリアしなきゃいけんかったのに、理想としてる歌からはほど遠かったし。やけん、Nコン《エヌ》も金賞《きんしょう》にならなかったんやと思います……」

怒《おこ》ったような顔をして、ナゴは言った。

「テッちゃんは、県大会の歌はどうやったと思う？」と先生が言った。

テッちゃんは、立ちあがると落ちついた表情のまま口を開いた。

「ぜんぜんダメやったと思います。あの歌やったら、全国大会には絶対《ぜったい》行けないです。それに、Nコンで銀賞《ぎんしょう》とか、ありえません」

テッちゃんの言葉を聞くと、先生は「そうか」となぜかほほ笑んだ。

「先生、なんで笑っとるんですか？」とナゴが不満そうにたずねた。

「先生はうれしいんよ」と先生はもっと笑顔になった。「県大会は大きなミスもなかったし、審査員《しんさいん》の先生方の講評《こうひょう》も悪くなかったのに、自分たちではあの歌に満足せず、ダメやったと思っとる。Nコンの銀賞も悔《くや》しいと思っとる。みんなはそう思える合唱部《がっしょうぶ》になった。それだけ成長《せいちょう》したっちことよ」

「そういえば、去年はNコンで九州《きゅうしゅう》・沖縄《おきなわ》大会に行くことが目的でした……」

「そうやろ？　みんなの合唱のレベルが上がったけん、自然と目標も上がったんよ」

先生の言葉に、ナゴもみんなも納得《なっとく》したようだった。

「九州大会は1カ月後やん。だけど、もう夏休みも終わりやろ？　新学期が始まったら、いままでみたいに練習時間はたくさんとれん。あっという間に本番が来ると思う。今度こそ、九州大会が終わったあとに悔しいって思わんように、少しの時間も無駄《むだ》にしないで練習しよう。そして、いままで日明《ひあかり》小が一度も経験《けいけん》したことがない全国大会出場を決めて、伝説を作ろう！」

「おーっ！」とみんなは声を上げた。

「その前に……夏休みの宿題はちゃんと終わらせないけんぞ」

そう先生が言うと、「やべー、カンペキに忘《わす》れとった！」とナガオが叫《さけ》び、みんなが爆《ばく》笑《しょう》した。

さっきまでの暗いムードは消えていた。

いざ九州《きゅうしゅう》大会!

竹永《たけなが》先生の言葉どおり、夏休みのあとは飛《と》ぶように日々《ひび》がすぎていき、あっという間に9月24日、九州大会の当日がやってきた。

竹永先生と子どもたちは、会場がある大分県大分市《おおいたけんおおいたし》へやってきた。大分県は福岡《ふくおか》県の隣《となり》の県で、みんなで貸切《かしきり》バスに乗ってきたのだった。

「体調、だいじょうぶ?」

会場となっている大きなホールに入るまえ、マナミはカネコくんにたずねた。

実は、カネコくんは前日に熱が出て、ゲホゲホとせき込《こ》んでいたのだ。さいわい新型《しんがた》コロナウイルスなどではなく、ただのカゼだと診断《しんだん》されていたけれど、もしカネコくんが欠席になってしまったら、人数が多くない日明小にとっては大きなマイナスだ。

けれど、カネコくんはやってきた。

「うん。もしかしたら九州大会に出られないんじゃないかってドキドキしたよ」

「ワタシも」

「でも、カゼ薬を飲んで気合いで治したんだ。朝起きたら熱もなかったし、たぶんだいじょうぶ！」

「そっか！　じゃあ、がんばろうね！」

日明小は本番に向けて準備《じゅんび》をすると、ステージのほうへ案内された。

ステージと、次の学校が待機する舞台袖《ぶたいそで》の間は反響板《はんきょうばん》という壁《かべ》で仕切られている。ステージの様子は見えないけれど、前の学校が歌っている声が聞こえてきた。

九州大会には福岡県のほかに、佐賀《さが》県・長崎《ながさき》県・熊本《くまもと》県・宮崎《みやざき》県・鹿児島《かごしま》県・沖縄《おきなわ》県という7県から23の代表校が出場することになっていた。

日明小の出番は14番目。ステージで歌っている13番目の宮崎県の日南《にちなん》市立吾田《あがた》小学校は、前の年の全国大会で金賞《きんしょう》を受賞《じゅしょう》、第2位だった強豪《きょうごう》中の強豪だ。

竹永先生からは「聴《き》きすぎて、不安にならんようにね」と言われていたが、ナゴたちの耳はステージから聞こえてくる歌声に吸《す》いよせられてしまった。

「やっぱり吾田《あがた》小はうまいね」とナゴはハナちゃんに言った。

「細かいところまでぴったりそろってるね」とハナちゃんは言いながら、まわりを見回した。「みんな、緊張《きんちょう》してるみたい……」

「わたしもだよ。ホント、やばいかも。平気な顔しとるのはオニギリだけっちゃ」

ナガオはもともと背《せ》が高かったけれど、ここ数カ月でさらに伸《の》びたように見えた。いまはアルトを歌っているが、そのうち声変わりして、もっと低い声になるのかもしれない。

もしかしたら、こうして男女の区別なしに同声《どうせい》三部合唱《がっしょう》で歌える小学生時代は、二度と戻《もど》らない大切な時間なのかもしれないとナゴは思った。

「えっ、おれのことなんか言った？」

ナガオがのんきな表情《ひょうじょう》で振《ふ》り返った。

「ナガオは緊張してなさそうやな、っち話してたの。いま、なに考えとった？」

「ラーメン食いたいな、っち。昨日、テレビでうまそうなラーメンが紹介《しょうかい》されとったから。北九州《きたきゅうしゅう》に帰ったら、ラーメン食うぞー！」

ナゴとハナちゃんは顔を見合わせ、クスッと笑った。けれど、緊張感《きんちょうかん》は消えはしなかった。

「もしかしたら、コンクールで歌うのもこれが最後になるかもしれん。やけん、全力で歌おうよ」

ハナちゃんが涙目《なみだめ》になりながら言った。

「ううん、まだ最後にしたくないっちゃ」とナゴは言った。「いままで日明小《ひあかり》が越《こ》えられなかった九州《きゅうしゅう》の壁《かべ》、今年は越えようよ」

「そうだね、ナゴ……。うん、全国大会、行こうね」

そんなナゴとハナちゃんの会話を、マナミは黙《だま》って聞いていた。

吾田小の演奏《えんそう》が終わり、日明小の出番がやってきた。

26人はステージにならび、竹永《たけなが》先生は少し足を引きずりながら指揮台《しきだい》に向かった。

マナミは不思議な気持ちだった。

いままでは、ステージに立つとものすごい緊張感におそわれていた。コンクールというだけで緊張《きんちょう》するし、観客の視線《しせん》も怖《こわ》かった。そんな中で歌を歌わなければいけない。逃《に》げ出したかった。

今回は大分県《おおいた》にある、初めて立つホールだ。しかも、全国大会出場がかかっている。もっと緊張するかもしれないと思っていた。

ところが、マナミの心は、まるで深い森の中にある泉《いずみ》のように静まりかえっていた。目の前にはたくさんの観客がいたけれど、わざわざネコだと考えなくてもだいじょうぶだった。

ステージには、階段状《かいだんじょう》にひな壇《だん》が置かれていた。日明《ひあかり》小の26人はそれを3段《だん》使い、3列にならんだ。客席に向かって右からソプラノ、メゾ、アルトの順。

マナミは右端《みぎはし》の3列目。みんなの様子がいちばんよく見える位置だ。

(みんな、緊張しとる。カナエも、サクラも、ナゴも……)

竹永《たけなが》先生が客席に向かっておじぎをし、拍手《はくしゅ》が響《ひび》いた。先生が指揮《しき》を振《ふ》りはじめると、ピアノが鳴り、課題曲の《かっぱ》がスタートした。

日明小ならではの明るい歌声がホールに広がっていった。

（みんな緊張してても、こんなきれいに歌えるんやな）とマナミは思った。

そして、そんなふうにみんなの様子や歌声を確認《かくにん》できるくらい余裕《よゆう》のある自分に気づいた。肩《かた》の力も抜《ぬ》けている。県大会よりもさらに声が出るようになっていた。

《かっぱ》が終わり、自由曲《僕《ぼく》のドラゴン》が始まった。

初めて楽譜《がくふ》をもらったときから、ずっと苦戦しつづけた曲だったけれど、ようやくみんなも自信を持って歌えるようになっていた。

マナミは、《かっぱ》とは正反対の位置、3列目の左端《ひだりはし》に立って歌っていた。

合唱《がっしょう》の途中《とちゅう》で、ふとマナミはさっきナゴが言っていた「いままで日明小が越《こ》えられなかった九州《きゅうしゅう》の壁《かべ》」という言葉を思いだした。

もしかしたら、自分の中のドラゴンが飛《と》べないのは、壁に囲《かこ》まれているからではないか？　ちょうどいま、マナミたちが反響板《はんきょうばん》という壁に囲まれながら歌を歌っているように。

（じゃあ、壁を壊《こわ》せば、ドラゴンは飛べるのかな？）

そして、日明小は全国大会に出場できるのだろうか――。

（よし、やろう！）

マナミは歌いながら、ドラゴンが立ちあがるのを感じた。そして、ドラゴンはマナミと一体化した。

マナミの歌声はドラゴンの叫《さけ》び声になり、ドラゴンが吐《は》く炎《ほのお》になった。

心をたかぶらせながら、マナミは夢中《むちゅう》で歌った。そして、最後にみんなで「ギャーオ！」と叫びながらドラゴンのポーズをとったとき、なにかがくだける音を聞いた。

九州《きゅうしゅう》代表の座《ざ》は…

九州大会の演奏《えんそう》が終わったあと、みんなの表情《ひょうじょう》はさえなかった。緊張《きんちょう》のせいで、自分の力を出しきれなかったと思っている部員が多かったのだ。

「《かっぱ》はよかったけど、《ドラゴン》は中途半端《ちゅうとはんぱ》かもな」

ステージを出たあとで、テッちゃんがそう言った。その表情には「全国大会出場は難《むずか》しいかも」という思いが浮《う》かんでいた。

「どうなるかはわからんけど、楽しかったね。ナゴ、どうだった？」とハナちゃんが言った。

「わたし、ぜんぜん楽しめんかった……。肩《かた》に力が入りすぎて、筋肉痛《きんにくつう》っちゃ」

ナゴは顔をしかめながら両肩をグルグルまわした。

(前はわたしの肩がガチガチやったのに、今日はナゴがガチガチで、わたしはリラックスできたなんて……)

まさかそんな日が来るなんて、マナミには信じられなかった。

「マナミ、今日はすごく声が出てたね」とカネコくんが声をかけてきた。

「ホント? 聞こえた!?」

「うん。ぼくは緊張してたし、咳《せき》が出るといけんからあんまり声が出せんかったけど、その分マナミが歌ってくれてた」

マナミはカネコくんの言葉が心からうれしかった。

「全国大会、出られるといいね!」とカネコくんはむじゃきに言った。

「うん、そうだね!」

マナミは笑顔で答えながら、わたしのドラゴンは壁《かべ》を壊《こわ》せたのだろうか、と思った。

ホールを出ると、先生はみんなを集めて言った。

「みんな、ようがんばったね。コンクールの結果はホームページで公開されます。出るまでにまだ時間があるけん、北九州《きたきゅうしゅう》に帰って、それぞれが家で確認《かくにん》しましょう」

「先生、うちはせっかく大分《おおいた》に来たけん、家族で旅行してから帰ることにしました」とナゴが手をあげて言った。

「そうか。楽しんでな」

みんなは「ナゴはいいな〜！」「うちもそうしたらよかった！」などとうらやましがった。

「先生は、どうせなら九州《きゅうしゅう》1位で全国大会に出たいと思っていました。でも、結果がどう出てもかまわない。いろんなことがあったけど、みんながこれまで一生懸命合唱《けんめいがっしょう》をやってきてくれたこと、全国をかけたステージで全力で歌声を響《ひび》かせてくれたことがうれしいです」

先生は、まるでそれが最後であるかのように言った。

「本来、音楽は人を楽しませ、感動させるためのもの。競うためのものではありません。

でも、コンクールはほかの学校と合唱を競いあう場やし、金賞《きんしょう》に選ばれたり、代表に選ばれたりしたら勝ち、それ以外は負けと言うこともできるでしょう。なのに、なんで先生はコンクールのためにみんなをがんばらせたり、ほかの学校も一生懸命練習してきたりするんやと思う？」

「勝つとうれしいから！」

カネコくんが言い、みんなが笑った。

「それはそうやけどね。だいぶ前に言ったけど、それだけやとちょっと違《ちが》うんよね」と先生も苦笑いした。「コンクールっていうはっきりした目標があるからこそ、それに向かってがんばれる。歌がうまくなるだけじゃなく、いろんな経験《けいけん》をすることで人間的にも成長《せいちょう》できる。全国大会に出るっていうのは、そんな経験ができる回数が増《ふ》えて、長い時間取り組めるっていうことなんです。授業《じゅぎょう》だけでは教えられない、これから先、みんなが生きていくうえで大切なことをみんなが自分たちで学べるのがコンクールやと先生は思っています。実際《じっさい》、みんなはすごく成長しました」

マナミは先生の言うことがよくわかった。だから、自分の中のドラゴンも成長したのだ。

そして、マナミ自身も——。

「そして、もし全国大会に出ることができれば、日本でいちばん勇気と元気を与《あた》えられる歌や、っち先生が思っとる日明《ひあかり》小の歌を、よりたくさんの人に聞いてもらえるようになるやろ？　きっと日本中に、先生のように病気やったり、つらい思いをしとる人がたくさんおると思う。全国大会に出れば、そういう人のところにまで日明小の歌が届《とど》くかもしれん」

先生は最後に「そうなると、いいね」とほほ笑みながら言った。

先生に言われたとおり、ナゴ以外のみんなは北九州《きたきゅうしゅう》の家に帰り、それぞれに合唱連盟《がっしょうれんめい》のホームページに結果が出るのを待った。

「えー、ホームページにつながらんのやけど！」

ハナちゃんはスマートフォンを何度もタップしながらリビングを歩きまわった。

「まだ結果、出とらん？」

マナミは、ずっとホームページをチェックしつづけてくれている母親にたずねた。

そして——カネコくんはメガネ越《ご》しにスマートフォンの画面をのぞきこみ、叫《さけ》んだ。

「あーーーっ！」

同じころ、ナゴがスマートフォンを手にしたまま、大分《おおいた》のホテルの部屋でピョンピョンとはねまわっていた。

「えっ、えっ、えっ……!?」

信じられずにはねつづけるナゴを、両親が困《こま》った顔で見ていた。

マナミの家でも、ようやく九州《きゅうしゅう》大会の審査《しんさ》結果が表示《ひょうじ》された。

マナミはスマートフォンの画面に表示された表を目で追った。出場校には金賞《きんしょう》、銀賞《ぎんしょう》、銅賞《どうしょう》のいずれかが授与《じゅよ》される。日明小は「金賞」のところに丸印があった。金賞受賞《じゅしょう》だ！

問題は、全国大会に出場できる九州代表になっているのかどうか——。「全国」というところに星マークがついていれば、代表。ついていなければ、日明小のコンクールはここで終わる。

星マークは——あった！

「お母さん、全国大会出られるよ！」

マナミは思わず声をあげた。

合唱部《がっしょうぶ》に入ったばかりのころには想像《そうぞう》もできなかった全国大会出場！　自分が日本で最高の舞台《ぶたい》に立つ！　日本中から集まってくるすごい小学生たちと同じステージで歌う！

信じられないことだった。

ふと、自分の中にいるドラゴンの姿《すがた》が目に浮《う》かんだ。

ドラゴンは大きなつばさを広げていた。その体は、もはやマナミが見上げるくらいに大きくなっている。そして、ドラゴンのまわりには、砕《くだ》けちった壁《かべ》の残骸《ざんがい》がゴロゴロ転がっていた。

（もう壁はないんや！　あとは、飛《と》びたつだけっちゃ！）

マナミの瞳《ひとみ》がキラキラと輝《かがや》いた。

第6章

飛《と》べよドラゴン

たとえドベでも

日明《ひあかり》小学校合唱部《がっしょうぶ》は初めての全国大会出場決定という快挙《かいきょ》をなしとげた。

竹永《たけなが》先生は吹奏楽《すいそうがく》をやっていたころ、吹奏楽コンクールの全国大会にあこがれを持っていた。まさか自分が合唱《がっしょう》コンクールの全国大会――全日本合唱コンクールに出場して、指揮《しき》をするとは想像《そうぞう》もしていなかった。

ALS《エー・エル・エス》の影響《えいきょう》が少しずつ出てくる中で、かつて自分を救《すく》ってくれた日明小とともに合唱の頂点《ちょうてん》のステージに立てるのはこれ以上にない喜《よろこ》びでもあった。かぎりある自分の時間を合唱部の子どもたちのために使うと決めたことは、まちがいではなかったと改めて思った。

ただ、九州《きゅうしゅう》大会の結果には不安も感じていた。

九州大会で代表に選ばれ、全国大会に出ることが決まったのは全部で8校。日明小の直前に出場した吾田《あがた》小も代表で、順位は1位。その一方、日明小は8位。

なんと、ギリギリ最下位での代表選出だったのだ。

「合唱コンクールはそんなに甘《あま》くない。これは日明小が受けた洗礼《せんれい》やね」

竹永先生は、審査《しんさ》結果が書かれた用紙を手にしてつぶやいた。

先生がいだいていた「九州1位で全国大会に出たい」という目標はもろくもくずれさっていた。

「もちろん、全国大会に出るだけでもすごいことっちゃ。でも、せっかく出るからにはあの子たちの歌を最高に輝《かがや》かせてやりたい……」

そのためには、自分が子どもたちをどう教えるかが大事なことはまちがいない。

かぎられた自分の時間を使うからには、最高の経験《けいけん》をさせてあげたい。子どもたちにもそれぞれに思いや悩《なや》みもあるだろう。先生自身がそうだったように、学校に来るのがつらかったり、まわりの子たちとうまくコミュニケーションできない子もいるだろう。

けれど、みんなが合唱部の活動をとおして成長《せいちょう》してきた。みんなが変わった。

全国的に見れば無名の日明小が、顧問《こもん》になって1年目、合唱の経験がまったくない自分の指導《しどう》を受け、最下位でも九州代表に選ばれたのは奇跡《きせき》といってもいい。

せっかく全国大会に出られるチャンスを与《あた》えてもらったのだから、過去《かこ》最高の歌声を引きだしてやりたい。

「〝日本でいちばん明るく、日本でいちばん元気に、日本でいちばん心をこめて歌う学校〟になろう」

自分自身が部員たちに言った目標を達成しよう。

そして、部員たちが成長《せいちょう》したように、自分ももっともっと成長し、部員たちといっしょに全国大会のステージで輝《かがや》こう――。

竹永《たけなが》先生は悩《なや》みながらもさらに合唱《がっしょう》の勉強をし、合唱部の指導《しどう》を続けた。


九州《きゅうしゅう》大会後、放課後の音楽室は明るい雰囲気《ふんいき》に包まれていた。

合唱部のみんなは基礎《きそ》練習や腹筋《ふっきん》などの練習も楽しそうに取り組み、歌声の元気さも増《ま》した。

たとえ最下位《ドべ》の九州代表でも、目標だった全国大会に出られるのだ。

全国大会までの約1カ月半は毎日が充実《じゅうじつ》していた。竹永先生の熱い指導にも食らいついてがんばった。《かっぱ》と《僕《ぼく》のドラゴン》の2曲は、日に日に磨《みが》きあげられ、九州大会のときよりもさらによくなっていった。

また、心の成長もさらにはっきり見えるようになっていた。

竹永先生が階段《かいだん》をのぼるときに少しつらそうにしていると部員の誰《だれ》かが「肩《かた》につかまってください」と言ったり、荷物をたくさん持っていると「わたしたちが持ちます！」と分《ぶん》担《たん》して運んでくれたりした。

それも、気をつかってやっているというよりかは、自然体で、ごくふつうのことのようにやってくれているのが先生にはうれしかった。

「マナミさん、すっかり体の力を抜《ぬ》いて、大きな声で歌えるようになったね」

ある日、竹永先生はマナミにそう声をかけてきた。先生にとっては、マナミの成長もうれしいことのひとつだったのだ。

「ありがとうございます」とマナミは笑顔になった。

「入部してきたころとは別人やね」

「わたしも、自分のことが違《ちが》う人みたいに思えます」

「先生も、最近は毎日が充実しすぎて、自分がＡＬＳ《エー・エル・エス》やっていうことを忘《わす》れるくらいっちゃ」

先生はガッツポーズをした。

「先生……」

「ん、どした？」

「いえ、やっぱいいです」

マナミはそのとき、自分の中に生まれつつある新しい「卵《たまご》」のことを先生に話そうかと思った。けれど、それは全国大会が終わってからにしようと決めた。

大阪《おおさか》で待っていた落とし穴《あな》

もしも合唱部《がっしょうぶ》に入っていなかったら、いまごろどんな日々《ひび》を送っていたのだろうか？少なくとも、こんな場所にはいなかっただろう——。

マナミはふとそう考えた。

マナミがいるのは大阪だった。そして、先生や仲間たちも一緒《いっしょ》だ。いま、自分が置かれている状況《じょうきょう》がなんだか信じられなかった。

合唱コンクールが始まったのは夏だったのに、季節はもうすっかり秋。その日の大阪は風が少し肌寒《はださむ》いくらいだった。

11月12日、土曜日。

日明《ひあかり》小は翌日《よくじつ》の全日本合唱コンクールのために、小倉《こくら》駅から新幹線《しんかんせん》に乗り、2時間以上かけて大阪へやってきた。

新幹線の車内から、部員たちはまるで修学《しゅうがく》旅行のようにはしゃいでいた。合唱部のみんなでこんな長旅をするのは初めてだったし、全国大会の先はもうないのだから、代表にならなければいけないというプレッシャーもない。

せっかく大阪まで行くのだから、ということで、竹永《たけなが》先生や校長先生はこの日にいくつか観光の予定も組みこんでくれていた。

世界最大級の水族館へ行ってジンベエザメなどを見たり、カップヌードルミュージアムに行ったり……。

部員たちは大阪での時間をたっぷり満喫《まんきつ》した。

夜は宿泊先《しゅくはくさき》のホテルで夕食をとった。

「すげえ、食べ放題だぁ！」

夕食会場に入ると、ナガオが声を上げた。

「食べ放題じゃなくて、バイキングやろ……。もぉ、いなかもんみたいで恥《は》ずかしいっちゃ」とナゴが頬《ほお》をふくらませた。

日明《ひあかり》小の部員たちはハイテンションで次々《つぎつぎ》に好きな料理をトレイによそい、ワイワイとおしゃべりしながら頬ばった。

「ねぇ、向こうの子たちも出場校じゃない？」

ハナちゃんがナゴに耳打ちしてきた。

ナゴが見ると、少し離《はな》れたテーブルで小学生の集団《しゅうだん》が食事をしていた。なんとなく合唱《がっしょう》部《ぶ》っぽい雰囲気《ふんいき》がただよっていた。

ただし、日明小とは正反対に、全員が静かに席について黙々《もくもく》とご飯を食べていた。

「わたしたち、こんな大さわぎしてていいんかな……」

ナゴは不安になりながらつぶやいた。

けれど、楽しそうに食事しているみんなをいまさらおとなしくさせることなどできそうもなかった。

竹永《たけなが》先生も、部員たちも、誰《だれ》も知らなかったのだ。全国大会の前日はどんなすごし方をすればいいのかを。

日明小のみんなはただただ楽しみ、もりあがり、眠《ねむ》りについた。

自分たちが落とし穴《あな》に落ちてしまっていたのだと気づいたのは、翌日《よくじつ》。全国大会の当日のことだった……。

日明小は終わり!?

朝、朝食の会場にあらわれた部員たちを見て、竹永先生は「みんな、ずいぶんさっぱりした顔しとるな」と思った。「晴れやか」と言ってもいい。

全国大会の当日だから、もう少し緊張《きんちょう》したり、青ざめたりしているかと思っていたのだけれど、そんな子はひとりもいなかった。

先生は、食事をしている部員たちの会話に耳をかたむけてみた。

「ジンベエザメ、でかかったね」

「大阪《おおさか》って遊ぶとこがいっぱいあっていいなぁ」

みんな、昨日の楽しい思い出のことばかり話していた。

(まさか……)

先生の頭をイヤな予感がよぎった。

部員たちのさっぱりした表情《ひょうじょう》は、修学《しゅうがく》旅行の最終日に生徒たちが見せる顔つきにそっくりだったのだ。

「もうやることはやった。あとは帰るだけ」という顔つきに――。


全日本合唱コンクールは、日本中から39の小学校が集まっておこなわれる。九州《きゅうしゅう》大会とくらべても、段《だん》ちがいに参加校が多い。

日明《ひあかり》小の出演《しゅつえん》順は27番目。後ろのほうだ。

会場に入るまでに充分《じゅうぶん》な時間があるので、近くの施設《しせつ》のピアノのある部屋を借りて練習をすることになった。

「それじゃ、練習するよ」

先生は部員たちに声をかけ、本番と同じようにならばせた。

けれど、部員たちの表情はフニャフニャとしまりがなく、フラフラしながら立つ姿《すがた》は見るからにたるんでいた。

(まさか、ホントに気持ちが切れてしまっとるんか!?)

先生はびっくりしながらも、「じゃあ、《かっぱ》を歌ってみよう」と言って、指揮《しき》を始めた。

古賀《こが》先生のピアノの前奏《ぜんそう》に続けて、部員たちが歌いはじめた。

その最初の部分だけで、竹永《たけなが》先生は大きなショックを受けた。

声に美しさがない。まとまりもない。リズムもハーモニーも、めちゃくちゃ。

先生は必死に笑みを浮《う》かべながら、「もっとまわりの人の声をよく聞いて」「音程《おんてい》を合わせて」と声をかけたが、曲がどんどん進んでも合唱《がっしょう》はちっともよくならなかった。

県大会よりもひどい、全国大会に出られるレベルではない歌だった。

(あぁ、終わった……)

竹永《たけなが》先生は絶望《ぜつぼう》した。

(昨日、あんなに観光気分ですごしたらいけんかったんや……)

先生は後悔《こうかい》したけれど、もはやあとの祭りだった。

部屋のすみで合唱《がっしょう》を聴《き》いていた校長先生も頭をかかえた。ピアノを弾《ひ》く古賀《こが》先生も、あまりの歌のひどさに顔をしかめていた。

みんなに魔法《まほう》をかける

ナゴも、自分たちの歌が信じられないほどレベルダウンしていることに気づいていた。

(みんな、どうしたんや？　練習でやってきたこと、どっかに忘《わす》れてきたん？)

ナゴは自分の歌声や体の動きでみんなを引っぱろうとした。けれど、みんなの歌はぜんぜんついてきてくれない。

大ピンチだった。

これではとても全国大会に出られない。

部員たちもさすがに自覚しはじめ、室内に暗い雰囲気《ふんいき》がただよいはじめた。

竹永先生は指揮《しき》をしながらつらそうな顔をしていた。ナゴは、いまにも先生が泣きだすのではないかと思った。病気のせい？　いや、きっと自分たちの歌がひどいせいだ。

「竹永先生、ちょっと座《すわ》って休んでてください」

竹永先生の様子を見かねた古賀先生が言った。

「すみません」

暗い顔をした竹永先生が足を引きずりながら部屋の端《はじ》に置かれた椅子《いす》に腰《こし》をおろした。

「みんな、ピアノのまわりに集まりぃ。きれいにならばんでいいけん」

古賀先生にそう言われ、部員たちはのろのろと動いて、ピアノを囲《かこ》むように輪になった。

ナゴは、椅子に座ってぐったりとなり、うつむいている竹永先生が気になった。

すると、古賀先生がこんなことを口にした。

「全員、よく聞きぃ。いい？　これから先生がみんなに魔法をかけるけんね」

部員たちは「魔法《まほう》」という言葉に反応《はんのう》し、「えっ!?」という表情《ひょうじょう》になった。

(まさか古賀《こが》先生、ホントは魔法使いやったんか!?)

ナゴもおどろいた。

「いつもは竹永《たけなが》先生が指揮《しき》してくれとるけど、いまは指揮なしで歌いぃ。じゃあ、いくよ?」

古賀先生はピアノで《かっぱ》の前奏《ぜんそう》を弾《ひ》きはじめた。

いつもなら竹永先生の指揮を見ながら準備《じゅんび》をし、歌いはじめる。でも、竹永先生がいないから、部員たちはピアノを聞いて「ここだ」というところで声を出した。

指揮があるときとくらべたら、出だしはバラバラだった。そのあとも、一人ひとりのテンポは微妙《びみょう》にずれ、決して上手な合唱《がっしょう》ではなかった。

けれど、おどろきの変化が起こった。さっきまでのひどい音程《おんてい》やハーモニーがきれいさっぱりなくなっていたのだ!

(古賀先生、すごいっちゃ!　わたしたちにどんな魔法をかけたんや!?)

ナゴはびっくりしながら歌いつづけた。

歌えば歌うほど、みんなの声がそろっていく！

部員たちの表情にも明るさがもどってきた。なによりも、合唱が楽しかった。

そのとき、校長先生が「みんな、スキップしぃ！」と言った。

部員たちはピアノの前を離《はな》れ、部屋の中をグルグル回ってスキップしはじめた。そして、走りながら《かっぱ》を歌いつづけた。

「放課後、帰り道にスキップしてたらかっぱに出会った——そうイメージしながら歌って！」と校長先生が言った。

みんなの合唱はさらにいきいきとしてきた。

ナゴがふと見ると、竹永先生が涙《なみだ》を流しながら部員たちの様子を見ていた。

先生にはわかっていた。古賀先生は別に魔法なんて使っていない。指揮者《しきしゃ》という頼《たよ》れる存在《そんざい》、つい甘《あま》えてしまう存在をなくすことで、みんなの集中力を高め、おたがいの歌を聞きあいながら合わせることに意識《いしき》を向けさせたのだ。

（それにしても、なんてきれいな歌声なんや……）

竹永先生は涙をこらえられなかった。

「やばい！　竹永《たけなが》先生、おれたちの歌がひどすぎて泣いとる！」

スキップしながらナガオがそう言った。

けれど、ナゴにはわかっていた。竹永先生は、部員たちの歌に心を打たれていたのだと。

（これや、この歌や！　思いだした！）

ナゴ自身も、大阪《おおさか》に来てから忘《わす》れかけていた感覚が全身によみがえってくるのを感じた。

部員たちが《かっぱ》を歌いおわると、竹永先生は涙《なみだ》をふきながら立ちあがった。

「みんな、前の歌声を取りもどしたみたいやね。さぁ、今度は本番と同じように歌ってみよう！」

先生の言葉に、部員たちも「はい！」と元気に答えた。

そして、竹永先生の指揮《しき》、古賀《こが》先生のピアノ伴奏《ばんそう》で《かっぱ》と《僕《ぼく》のドラゴン》を歌った。

その合唱《がっしょう》は明るさときらめきに満ち、みんなの気持ちもひとつになっていた。

日明《ひあかり》小学校合唱部の完全復活《ふっかつ》だった。

全国大会前日は大阪《おおさか》観光で大はしゃぎ。水族館の前で記念写真をパチリ。

校長先生のアイデアでスキップしながら歌い、集中力を取り戻《もど》した。

この子たちなら…

最後の練習を終え、日明小《ひあかり》は大阪府堺市《さかい》にあるフェニーチェ堺へやってきた。2022年の全日本合唱コンクール全国大会小学校部門の会場だ。

オープンして3年しかたっていないピカピカのホールで、まわりには出場校の生徒たちや関係者、観客などがたくさん集まっていた。雨が降《ふ》っており、色とりどりのカサがたくさん開いている。

日明小が初めて経験《けいけん》する、全国大会ならではの緊張感《きんちょうかん》がただよっていた。どんよりした空のせいで、よけいに空気が重苦しかった。

ロビーを抜《ぬ》けてホールの奥《おく》へ入っていくとき、ナゴはすでに演奏《えんそう》を終えたらしい学校の生徒たちを見かけた。大きな失敗をしてしまったのか、泣きじゃくっている子の姿《すがた》もあった。

（全国大会って、なんか怖《こわ》いな……）

ナゴはそう思った。

でも、古賀《こが》先生の〝魔法《まほう》〟で元気をとりもどした日明小のみんなは、全国大会の空気にも飲まれず、明るい表情《ひょうじょう》をしていた。それがナゴにとっても心強かった。

(そうや、わたしもしっかりしよう!)

今日は髪《かみ》を三つ編《あ》みにしている。なかなかかわいく決まった。これなら、全国大会でビデオや写真を撮《と》られてもバッチリだ。

ナゴの頬《ほお》がやわらかくゆるんだ。


26人は本番用の衣装《いしょう》を着て、舞台袖《ぶたいそで》に集まった。女子は白いシャツで襟元《えりもと》にリボンをつけ、下はスカート。男子はリボンの代わりにネクタイをしめ、下はズボン。

みんな、心が成長《せいちょう》しただけでなく、体も大きく成長していた。衣装を着た26人は、竹永《たけなが》先生の目には前よりもずっとたくましく、お兄さんお姉さんになったように見えた。

(初めての全国大会や。本番前はさすがに緊張《きんちょう》しとるかな?)

先生は部員たちの様子をうかがった。

しかし、ピリピリした感じはまったくなく、むしろリラックスしているのが伝わってきた。うす暗い舞台袖《ぶたいそで》の中で、わずかに届《とど》く光に手をかざして「イヌ！」「カニ！」と影遊《かげあそ》びをしている子もいた。

反響板《はんきょうばん》の向こうのステージからは、いままで聞いたことがないくらい上手な合唱《がっしょう》が聞こえてくる。去年の全国大会で金賞《きんしょう》を受賞《じゅしょう》した宮崎《みやざき》県の宮崎市立小松台小学校だった。

コンクールの世界では無名の日明《ひあかり》小とは正反対の名門校。部員の数も倍以上だ。けれど、九州《きゅうしゅう》大会のときとはちがって、部員たちはその歌声におじけづいたり、圧倒《あっとう》されたりはしていなかった。

（この子たちなら、やってくれるかもしれん！）

竹永《たけなが》先生はそう思いながら、みんなを近くに集めた。

「もうすぐ出番になります。夢《ゆめ》にまで見た全国大会、楽しみやね」

先生が言うと、部員たちは笑顔でうなずいた。

「実は、全国大会の7人の審査員《しんさいん》の中に《僕《ぼく》のドラゴン》の作曲をした松下耕《まつしたこう》さん、作詞《さくし》をしたみなづきみのりさんがいます」

部員たちは「えっ！」とおどろきながら顔を見合わせた。

「もしかしたら、曲を作った人たちやけん、見方が厳《きび》しいかもしれん。でも、そんなの関係ないっちゃ。全国大会で、作詞した人、作曲した人に聞いてもらえるなんて最高やと思わん？」

部員たちは「思います！」「すげえ！」などと言いながらニコニコした。

先生は26人の顔を一人ずつ見つめ、うなずいた。

「これまでずっとみんなで続けてきたコンクールっていう旅も、今日で終わりです。みんな、ホントによくがんばってくれました。もう上手に歌おうとか、金賞をとろうとか、考えんでいいけんね。最初から目標にしていたとおり、〝日本でいちばん明るく、日本でいちばん元気に、日本でいちばん心をこめて〟歌おう。日明小にしかできない歌声を客席に届けよう」

「はい！」と部員たちは答えた。

「前の学校が終わったら、ステージに出ていくけん、静かに待っとってね」

竹永先生はそう言うと、子どもたちの前を離《はな》れた。そして、置いてあった長テーブルに手をついて体を支《ささ》えた。

「竹永《たけなが》先生、指揮《しき》をするときに椅子《いす》を使ったらどうですか？」

古賀《こが》先生がそう聞いてきた。

「いいえ、だいじょうぶです。お気づかいいただいてありがとうございます」

と竹永先生は答えた。

「椅子を使ったりしたら、ボクの体が不自由だとわかってしまいますよね。病気のことでお客さんにも、審査員《しんさいん》にも同情《どうじょう》されたくないんです」

「審査員はプロですよ。たとえ同情したとしても、それを審査《しんさ》に持ちこむようなことはしません。それに、先生、だいぶつらくなってきてますよね？」

と古賀先生は言った。

竹永先生は頭を掻《か》いた。

「つらいことは、つらいです。ただ、あとになって子どもたちが『あの審査結果には同情票が入っている』と言われたらイヤなので。椅子を使わないで指揮をするのは、ボクの意地です」

「わかりました。竹永先生、がんばりましょう」

古賀先生の言葉に、竹永先生はうなずいた。


「もうちょっとで出番やね」

カネコくんがマナミに話しかけてきた。

「うん、楽しみ」

マナミが言うと、カネコくんはメガネの奥《おく》の目で見つめてきた。

「マナミ、変わったよね」

「そうかな～」

「うん、いい意味で変わった。合唱部《がっしょうぶ》に入ってから、マナミがめっちゃがんばってたけん、ぼくもがんばれた。きっとみんなも同じやと思うよ」

マナミはおどろいた。まさか自分がまわりの子たちになにか影響《えいきょう》を与《あた》えていたなんて、思ってもみなかったことだ。

「むしろ、わたしのほうこそ、カネコくんやナゴやテッちゃんや、みんなのがんばる姿《すがた》にはげまされて、ここまでこれたんよ」

実際《じっさい》、カネコくんはみんなと同じくらい正しい音程《おんてい》で歌えるようになっていた。人知れず努力を続けた結果だった。

「ボク、今日は体調もバッチリやし、思いっきり歌えるよ」

「後悔《こうかい》しないように、全力で歌おうね」

そのとき、小松台小の合唱《がっしょう》が終わった。

「さぁ、日明《ひあかり》小、行くよ!」

竹永《たけなが》先生の声を合図に、26人はステージへと出ていった。

ドラゴン、飛《と》んだ!

学校名が書かれたプラカードを持った係員を先頭に、日明小はステージに進んでいった。

客席から拍手《はくしゅ》が響《ひび》いた。

ホールにアナウンスが流れた。

「27番、九州支部《きゅうしゅうしぶ》代表、福岡《ふくおか》県、北九州《きたきゅうしゅう》市立日明小学校合唱カンパニー。指揮《しき》、竹永亮太《りょうた》。ピアノ、古賀千恵《こがちえ》」

部員たちはいつものようにひな壇《だん》に3列になってならんだ。

（いよいよ始まるんや！）

客席に向かっていちばん右端《みぎはし》の、いちばんうしろ。マナミはソプラノの定位置に立った。

ステージは、床《ゆか》もひな壇も反響板《はんきょうばん》もまっ黒だった。まるで黒壁《かべ》に囲《かこ》まれているみたいだ。

（これが最後に壊《こわ》さなきゃいけん、全国大会の壁や）

マナミは思った。

竹永先生は部員たちに続いてステージに出てきた。手で左足を押《お》さえながら歩き、一度ピアノに手をついて、それから譜面《ふめん》台につかまった。

ALS《エー・エル・エス》は、ひとたび症状《しょうじょう》が出はじめたら、いまの医学では止めることはできない。

日明小合唱部の顧問《こもん》を引きうけると決めたときからいままでの間に、階段《かいだん》をのぼるのがきつくなり、走ることはできなくなってきた。立ちつづけているのがつらかったり、歩くときも何かにつかまりたいと思ったりするときが増《ふ》えた。

けれど、先生の顔は笑っていた。

譜面台《ふめんだい》につかまったまま客席に向かっておじぎをすると、拍手《はくしゅ》が起こった。

先生は足もとを確《たし》かめるようにゆっくり指揮台《しきだい》にあがると、目の前にならんだ部員たちの顔を見わたした。

(みんな、始めるよ。〝日本でいちばん明るく、日本でいちばん元気に、日本でいちばん心をこめて〟歌う日明《ひあかり》小の合唱《がっしょう》を届《とど》けよう!)

竹永《たけなが》先生は、ピアノの前に座《すわ》った古賀《こが》先生と視線《しせん》を合わせ、うなずいた。

竹永先生の腕《うで》が指揮《しき》を振《ふ》りはじめると、軽やかなピアノの前奏《ぜんそう》が流れる。

(さん、はいっ!)

先生が心の中で声をかけると、部員たちは口を大きく広げながら息を吸《す》いこんだ。

歌詞《かし》は「かわっぷちで」という言葉から始まる。そのいちばん最初の「か」が響《ひび》いた瞬《しゅん》間《かん》、竹永先生の体に電流が走った。

(なんや、この歌声は!? いままで聞いたことがないくらいみんなの声がひとつにまざり合っとる！　集中力もすごいぞ！）

思わず先生は、古賀先生と目を合わせた。

古賀先生の表情《ひょうじょう》は「いったいなにが起こってるの？」とでも言うかのように、おどろきに満ちていた。

先生たちでさえも予想だにしなかった、いままでより1ランクも2ランクも上の合唱がホールに響きわたっていたのだった。


マナミはみんなとぴったり息をそろえて《かっぱ》を歌った。

緊張《きんちょう》はまったくしていなかった。むしろ、いままででいちばん楽しく歌えていた。気持ちに余裕《よゆう》があるために、みんなの歌声もよく聞こえていた。

（なんだかいつもよりいい合唱ができとる気がする！）

音程《おんてい》も、ハーモニーも、テンポも、すべてがきれいにそろっていた。

マナミは、練習のときに先生が言っていたアドバイスを思いだした。

「この歌は、ただかっぱに出会ったっち出来事を歌っているだけやないよ。『かっぱは大きかった』『かっぱのしっぽを引っぱったらひっぱたかれた』っち、誰《だれ》かに語っとる歌っちゃ。その様子を想像《そうぞう》してごらん？」

これまで《かっぱ》の練習をしてくる間に、マナミは先生に言われた「想像」を自分なりに広げてみた。想像力《そうぞうりょく》が豊《ゆた》かなのがマナミの長所だった。

「学校の帰り道にある川でかっぱに出会ったんは、本当はナイショにしなきゃいけん話。でも、この歌の主人公はまだちっちゃな子どもやけん、ついこっそりお父さんやお母さんにしゃべってしまう。むじゃきな声で、耳もとでコソコソ話をするみたいな……そんなイメージでお客さんに向けて歌ってみよう」

全国大会のステージで、マナミは前もって考えていた想像を思いうかべながら歌った。目の前にずらっと座《すわ》っている観客に、そして、どこかにいる審査員《しんさいん》たちにかっぱのナイショ話を語りかけるように。

竹永《たけなが》先生はニコニコが止まらなかった。

まさか日明《ひあかり》小の子どもたちが全国大会という大舞台《ぶたい》で、こんなにのびのびと歌ってくれることは思ってもいなかったからだ。

先生は吹奏楽《すいそうがく》をやっているときにわかっていた。本番に奇跡《きせき》が起こって、練習以上の力が出せるなんてことはほとんどない。ゲームやアニメに出てくる「覚醒《かくせい》」なんてものは期待してはいけない。

だから、「練習は本番のように、本番は練習のように」という言葉もよく使われる。本番では練習以上の力は出せないのだから、練習のときから本番のつもりで演奏《えんそう》し、本番では練習のとおりに演奏することをめざすのだ。

けれど、そのときの日明小は「覚醒」していたと言ってもいい。ふしぎな力に包まれ、明らかに練習以上の歌を歌っていた。

竹永先生は指揮《しき》をしながら、一人ひとりの部員たちの表情《ひょうじょう》を見た。

ナゴはしっかりした目つきで指揮を見つめ、ハナちゃんはいつものふわふわした笑みをうかべ、ナガオは胸《むね》をはって堂々《どうどう》と歌っていた。テッちゃんは全身を使い、部長のカナエは誰よりも美しい声を響《ひび》かせ、カネコくんは精《せい》いっぱいみんなと合わせようとしていた。

そして、マナミは力が抜《ぬ》けてリラックスした姿勢《しせい》で、口を大きく開きながら歌っていた。

（マナミさん、こんなおおらかな声で歌えるようになったんやね。もうあなたはだいじょうぶよ）

先生は心の中でそう思った。

課題曲の《かっぱ》は最高の出来だった。

残すは自由曲の《僕《ぼく》のドラゴン》だけだ。２０２２年のコンクールは、泣いても笑ってもそれで終わり。もう全国大会の先にはなんの大会もない。

部員たちは曲間にそれぞれのポジションへ移動《いどう》していく。マナミは右端《みぎはし》から左端《ひだりはし》への大移動だ。しかし、その表情《ひょうじょう》も足どりも落ちついたものだった。

部員たちが自由曲のポジションにつくと、改めて竹永《たけなが》先生は両手をかまえた。

部員たちの「アアー」という美しいハーモニーが広がった。

その瞬間《しゅんかん》、竹永先生は目の前がパァッと明るくなるのを感じた。まるで空をおおう雲が晴れてまぶしい太陽が顔をのぞかせたかのように。

竹永先生は思わず口を動かし、声を出さずに部員たちにこう伝えた。

『すばらしい！　カンペキ！』

テンポが一気に倍くらいに早くなり、歌の物語が始まる。

主人公の「僕」の心の中には泉《いずみ》があり、そこにドラゴンが棲《す》んでいる。ドラゴンは「僕」が勇気を出したり、人にやさしくすることができたりすると、それだけ大きく成長《せいちょう》する。

まるで日明《ひあかり》小の子どもたちそのものの物語だ！

竹永先生は改めてそう気づいた。

合唱曲としてはとても難《むずか》しい。最初は子どもたちもものすごく苦戦していたし、先生自身も「無理かもしれない」と思ったこともある。

けれど、いま、全国大会という大舞台《ぶたい》で、こんなにも楽しそうに、こんなにも明るく、こんなにもいきいきと歌っている。

北九州《きたきゅうしゅう》にある、ごくふつうの小学校。

ごくふつうの子どもたち。

音楽の専門的《せんもんてき》な教育を受けてきた子なんてほとんどいない。

それが、まるで天にのぼっていくかのような美しい歌声を響《ひび》かせている！

（これこそ、４年前のおれにＡＬＳ《エー・エル・エス》と向きあう勇気、前向きに生きていく力をくれた日明《ひあかり》小の歌や！）

先生の瞳《ひとみ》がうるんだ。

いつしか先生は両足でしっかり立ち、両手を使って力強く指揮《しき》していた。

（歌いながら、自分たちの歌声がこんなにはっきり聞こえるのは初めてや）

ナゴは思った。

緊張《きんちょう》しやすいタイプだということは自分でもわかってきていたけれど、全国大会はふしぎと硬《かた》くなっていなかった。

思えば、大変なことがたくさんあった。最初のころはみんな言うことを聞いてくれなかったし、練習も真剣《しんけん》にやってくれなかった。口うるさい自分が悪いのかと悩《なや》んだこともある。

（あの苦労は、この日のためにあったんや！）

ナゴの体には、ウズウズするような力がみなぎっていた。そして、それが歌となって飛《と》びだしていっていた。

（最初は怖《こわ》かったけど、全国大会ってこんな楽しいとこなんやね）

ハナちゃんはそう思っていた。

ひな壇《だん》に3列にならんでいる中で、ハナちゃんはいちばん前。指揮台《しきだい》にいる竹永《たけなが》先生に近い位置だった。

（やっぱり竹永先生とここまでいっしょにやってこられてよかった！）

ハナちゃんはたかぶりそうになった感情《かんじょう》をグッとおさえた。そうしないと、歌いながら泣きだしてしまいそうだった。

（今日はぼくも、みんなも、最高の歌が歌えてるなぁ！）

カネコくんはうれしかった。

ずっと歌が苦手だと思ったことはなかったけれど、合唱部《がっしょうぶ》に入ってみて、自分は上手じゃないんだと気づいた。

けれど、練習に練習を重ねて、みんなと同じくらい歌えるようになった。努力をすれば、難《むずか》しいこともできるようになるんだということをカネコくんは学んだ。

あるとき、竹永《たけなが》先生が言ってくれたことがある。

「カネコくん。あなたがおらんかったら、この明るい合唱部《がっしょうぶ》の雰囲気《ふんいき》はなかったよ。ありがとうね」

最初は、歌ではなかなかみんなの力になれなかったけれど、先生にそう言ってもらえて、「合唱カンパニーに入ってホントによかった」と思えた。

(よし！　竹永先生と、みんなと、最後まで思いっきり楽しみながら歌うぞ！)

カネコくんは自信たっぷりの表情《ひょうじょう》で歌いつづけた。

(あぁ、どんどん歌が進んでいっちゃう。どんどん終わりに近づいていっちゃう)

マナミはそう思いながら歌っていた。

それほどに楽しかった。みんなも心の底から楽しみながら歌っているのが伝わってきた。

先生も含《ふく》めて、みんなの気持ち、みんなの音楽がひとつになっていた。

(この歌は、物語なんや。わたし自身の、みんな一人ひとりの物語や)

半年ほど前、合唱部の入部届《とどけ》を出したとき、マナミの物語は始まった。

それまで、健康観察の返事すらできなかった。自分はダメだと思いそうになったし、心は折れかけていた。

合唱部に入ってからも、ひとりで歌えずに泣いたこともあった。

けれど、マナミの中に生まれた「卵《たまご》」は、殻《から》が割《わ》れ、やがてそこからドラゴンが出てきた。マナミが成長《せいちょう》するたびに、ドラゴンも大きくなった。まわりを取りかこんでいた壁《かべ》を破壊《はかい》して、マナミとともにこの全国大会のホールへとやってきた。

自分を変えたかった。大好きな先生の夢《ゆめ》をみんなといっしょにかなえたかった。マナミのがんばりが、ドラゴンの栄養になった。

そしていま、マナミのドラゴンはついに大きなつばさを羽ばたかせはじめた。誰《だれ》にも感じることができない風がまき起こり、誰にも聞こえない羽ばたきの音がした。

マナミのドラゴンはホールの天井に向かって飛《と》びあがった。

(先生、竹永先生……ドラゴン飛んだよ! ついに飛んだんだよ!)

合唱《がっしょう》を続ける日明《ひあかり》小の頭上を、マナミのドラゴンは縦横無尽《じゅうおうむじん》に飛《と》びまわった。

いや、ドラゴンは一匹《いっぴき》だけではない。ナゴのドラゴンも、カネコくんのドラゴンも、ハナちゃんやナガオのドラゴンもいる。

それに……あのいちばん大きいのは、きっと竹永《たけなが》先生のドラゴンだ！

竹永先生の心にいたドラゴンも、いくつもの厚《あつ》い壁《かべ》、高い壁をぶち壊《こわ》してきたのだ。

ふと見ると、指揮《しき》をする先生の目から涙《なみだ》がこぼれ落ちていた。先生といっしょにこうして合唱できていることを、マナミは幸せに感じた。

そのとき、マナミは気づいた。

目の前で聞いている観客たちも、きっと心にドラゴンがいるはずだ。ライバル校の生徒たちにだって、審査員《しんさいん》にだって、ドラゴンはいる。勇気ややさしさでドラゴンを育て、いっしょに壁を壊してきたにちがいない。

(みんな同じやん！　やけん、わたしたちのこの歌は、きっと聴《き》いてくれてる人たちにも届《とど》くはずっちゃ！)

マナミはそう確信《かくしん》した。

頭上を飛びかうドラゴンたちに見守られながら、日明小学校合唱部の歌声は最高潮《さいこうちょう》に達した。

そして、みんながドラゴンになる瞬間《しゅんかん》が来た。

古賀《こが》先生のピアノが激《はげ》しく鳴り響《ひび》くとともに、部員たちは両手を振《ふ》りあげ、右足を前に踏《ふ》みだしながらドラゴンのポーズをとった。

「ギャーオッ!!」

26匹《ひき》のドラゴンの叫《さけ》び声がホールにこだました。


いままでいちばん大きな拍手《はくしゅ》を浴びながら、日明小はステージをあとにした。

早くみんなに話しかけたくてウズウズしていたナゴは、ステージからだいぶ離《はな》れたところまで来ると、がまんできずに口を開いた。

「楽しかったねっ！　すごくよかったよね！」

「うんっ、いままでいちばんよかったと思う！」

ハナちゃんが笑顔で答えた。

「ぼくはすごくすっきりしたよ」とカネコくんが言った。「最初で最後の全国大会。あとは結果がよければ……」

ナゴは結果についてはは自信がなかった。自分たちではよかったと思っても、もしほかの学校がもっとよかったら金賞《きんしょう》はとれない。

「上手な学校ばっかり集まってるんだし、いちばん下の銅賞《どうしょう》だったりするかな。銀賞《ぎんしょう》くらいとれるといいよね……」

すると、「絶対《ぜったい》金賞だよ」という声が聞こえた。

テッちゃんだった。いつも冷静で、自分にもみんなにも厳《きび》しいテッちゃんがそこまで言いきるのは初めてだった。

「ぼくはもう、やり残したことはなにもない」

「うん、テッちゃん、そうだね！」

ナゴも、ハナちゃんも、力強くうなずいた。

ありがとう、わたしのドラゴン

全国大会も、審査《しんさ》結果はすべての学校が歌いおえたあと、ホームページで発表されることになっていた。

日明《ひあかり》小は発表の前に新大阪駅から新幹線《しんかんせん》に乗りこみ、小倉《こくら》駅へ向かった。

車内で部員たちはお弁当《べんとう》を食べたり、大阪《おおさか》で買いこんだおやつを食べたり、とにかくひたすら食べまくっていた。

全国大会という大きな目標をやりとげた安心感から、みんな急におなかがすいてきたのだ。

「さっきの歌はドラゴンが乗りうつったみたいやったけど、食欲《しょくよく》もドラゴンなみになってるやん」

竹永《たけなが》先生は部員たちの様子を見て、あきれ顔になった。

すると、古賀《こが》先生が小声で話しかけてきた。

「竹永《たけなが》先生、結果が出てます……」

「ホントですか!?」

竹永先生は部員たちに気づかれないようにこっそりスマートフォンを持ってデッキに出た。結果は小倉《こくら》駅で新幹線《しんかんせん》をおりてから発表する、と部員たちには言ってあったのだ。

正直、先生にも結果は予想できなかった。

すばらしい合唱《がっしょう》だったし、感動で涙《なみだ》が出た。けれど、審査員《しんさいん》に同じ感動が伝わったとはかぎらない。日明《ひあかり》小にとってはいままでで最高の歌でも、ほかの出場校とくらべたら、そろっていないところ、雑《ざつ》なところがあったかもしれない。

(とはいえ、もう結果はどうなってもいいっちゃ。子どもたちは〝日本でいちばん明るく、日本でいちばん元気に、日本でいちばん心をこめて〟歌う、っち目標は見事に達成してくれた。それだけでおれは満足や)

竹永先生は一度大きく深呼吸《しんこきゅう》をして気持ちを落ちつかせ、スマートフォンの画面を見た。

審査《しんさ》結果は、出演順《しゅつえんじゅん》でならんでいた。日明小は39団体《だんたい》中27番目。

(日明小は……)

先生はずらっとならんだ学校名に目を走らせた。

新幹線は小倉駅につき、日明小合唱部は駅前の広場に集合した。

もうすっかり日は暮《く》れて、夜になっていた。肌寒《はださむ》い風が吹《ふ》く中、部員たちは地面に座《すわ》った。

新幹線をおりたときには、はしゃいでいる子もいれば、ぐったりと疲《つか》れた表情《ひょうじょう》の子、眠《ねむ》そうな子もいた。

しかし、いまはみんなが目を輝《かがや》かせ、少し心配そうな顔をして竹永先生を見つめていた。

みんな、結果が気になってしかたがないのだ。

竹永先生は、発表をじらすつもりはなかった。早く伝えようと、わざと遅《おそ》く伝えようと、結果が変わるわけではない。みんなが気にしていることをストレートに教えてあげようと先生は思っていた。

「日明小学校……さっき、スマホで結果を見ました」

先生が言うと、部員たちは静まりかえった。

金賞《きんしょう》か、それとも銀賞《ぎんしょう》、銅賞《どうしょう》か……。26人の心臓《しんぞう》がドクンドクンと高鳴るのが聞こえてきそうだった。

先生は顔を少し前に突《つ》きだし、はっきりと告《つ》げた。

「金賞です！」

その瞬間《しゅんかん》、部員たちは「えーっ！」「おーっ！」と歓声《かんせい》を上げた。おどろきと喜《よろこ》びが入りまじった声だった。「最高！」「やったー！」と叫《さけ》ぶ声も聞こえた。

日明《ひあかり》小学校合唱部は、初めて出場した全日本合唱コンクール全国大会で、最高の賞《しょう》に輝《かがや》いたのだ！

実は、それだけではなかった。

「金賞に加えて、堺《さかい》市教育委員会教育長賞もいただきました。これは4位の学校に与《あた》えられる賞です。すごいやろ、39校の中で日明小は第4位っちゃ！」

再《ふたた》び歓声がまき起こった。

みんなが喜びにわき、拍手《はくしゅ》をする中、いつもはニコニコしているハナちゃんが泣きだした。

「ハナちゃん、だいじょうぶ？」とナゴが顔をのぞきこんだ。

「うれしい……がんばってきてよかった……」

すると、今度はハナちゃんの涙《なみだ》を見たナゴが泣きはじめた。

「わたしたち、ホントに全国大会で金賞とったんやね……おたがい、大変なことがいっぱいあったよね……！」

泣きじゃくるナゴを、ハナちゃんやカナエたちが抱《だ》きしめ、頭をなでてくれた。


そんな様子をマナミはほほ笑みながら眺《なが》めていた。

ドラゴンは最後の大きな壁《かべ》を壊《こわ》してくれた。その先には金賞というまぶしく輝く宝物《たからもの》が待っていた。壊れた壁は、砂《すな》のようにサラサラとくずれ、消えていった。

（竹永《たけなが》先生の夢《ゆめ》をかなえることができて、ホントによかった。もう、だいじょうぶだよ。ありがとう、わたしのドラゴン――）

マナミが心の中でそうつぶやくと、ドラゴンは巨大《きょだい》なつばさを広げ、北九州市《きたきゅうしゅう》の空へと飛《と》びさっていったのだった。

エピローグ

卒部式

「もう今日で合唱部《がっしょうぶ》に来られなくなるなんて信じられんよね」

カネコくんの声が竹永《たけなが》先生の耳に届《とど》いた。

2023年3月。

もう6年生の卒業式は終わっており、中学校への進学が間近に迫《せま》っていた。

この日は合唱部だけの卒業式、「卒部式」が学校の体育館でおこなわれた。もちろん、古賀《こが》先生や肘井《ひじい》校長、保護者《ほごしゃ》も集まっていた。

歓喜《かんき》の全国大会から約4カ月がたち、竹永先生のALS《エー・エル・エス》の症状《しょうじょう》はさらに進んでいた。なにかにつかまっていないとまっすぐ立ちつづけることが難《むずか》しくなっていたのだ。

もう全国大会のときのように指揮《しき》をすることはできないだろう。

けれど、先生の表情《ひょうじょう》は晴れやかだった。

部員たちは全員が地域《ちいき》の方から手作りの金メダルをおくられ、首からかけた。

「オリンピック選手みたいっちゃ」とナガオがガッツポーズをした。

部員たちは体育館のステージの前に作られたひな壇《だん》にならんだ。

「聞いてる人が『このまま終わってほしくない』っち思う歌を歌おう」

竹永先生が言うと、部員たちは笑顔で「はい！」と答えた。

そして、先生は椅子《いす》に軽く腰《こし》かけるようにしながら指揮を振《ふ》りはじめた。

6年生が卒部する前の最後の合唱曲として選ばれたのは《樹形図《じゅけいず》》という曲だった。

この曲は、次の合唱コンクールの自由曲に決まっていた。

「最高の結果を残して卒部していく6年生は、合唱カンパニーで学んだことを後輩《こうはい》たちに全部伝えていってほしい。後輩たちはそれを全部受けとってほしい」

そんな竹永先生の考えによって、4年生から6年生までがいっしょに練習してきたのだ。

竹永先生の指揮、古賀先生のピアノ伴奏《ばんそう》で、部員たちは《樹形図》を歌った。

コンクールのときのような、特別な集中力がある合唱《がっしょう》ではない。けれど、先生は歌の響《ひび》きの中に、以前にはなかった豊《ゆた》かさを感じた。

（6年生をはじめ、みんなが成長《せいちょう》したってことやろうね。それと、自信を持つことができたんやろう）

先生はそう思った。

（でも、全国大会金賞《きんしょう》を変に鼻にかける子がいないのが、日明小《ひあかり》のいいところやなぁ）

ふと気づくと、ハナちゃんが泣いていた。ほかにも目をうるませている部員が何人もいる。

それを見て、先生はわかった。

（『このまま終わってほしくない』っちいちばん思っとるのはおれや！）

そう思うと、先生の目からもたまらず涙《なみだ》があふれだした。

涙声《なみだごえ》がいくつもまじった状態《じょうたい》で《樹形図《じゅけいず》》の合唱は終わった。

6年生全員、思いを込《こ》めて歌った。

マナミの告白《こくはく》

合唱《がっしょう》のあと、6年生がひとりずつ前に出てスピーチをすることになった。

合唱カンパニーで楽しかったこと、全国大会の思い出、先生への感謝《かんしゃ》、後輩《こうはい》たちへのメッセージ……。

それぞれが自分の言葉で語っていった。

竹永《たけなが》先生が心配していたのはマナミだった。

(今日はしゃべれるんかな……)

いくら部活を通じて成長《せいちょう》したといっても、みんなの前でひとりでしゃべったり、歌ったりするのはマナミがもっとも苦手としていたことだ。歌えずに泣き出したことを、先生はまだはっきり覚えていた。

てっきり、前もって話すことを紙に書いて持ってくるかと思っていたが、マナミは何も持っていなかったので、先生はますます心配になった。

マナミは前の人からマイクを受けとると、下を向きながらみんなの前に立った。恥《は》ずかしいのか、顔はまっ赤になっていた。

みんなはマナミが話しはじめるのを待っていたが、マナミはなにも言えずに黙《だま》ったままだった。

(やっぱりダメかな……)

先生が助け舟《ぶね》を出そうと考えたとき、マナミは心を決めたかのように顔を上げ、マイクを口もとに近づけた。

「わたしは……ずっと……自分がイヤでした」

体育館が静まりかえった。

「健康観察でも、授業《じゅぎょう》であてられても、何も言えないで、泣いてしまうような自分をあきらめかけていました。でも、変わりたいと思いはじめて、合唱部に入りました。最初は大変だったし、部活中も泣いちゃうことがあったけど……わたしはここで変わることができました」

マナミの目はうるんでいたけれど、泣きはしなかった。そして、しっかりと自分の言葉で、自分の思いを語りつづけた。

「竹永《たけなが》先生がALS《エー・エル・エス》という病気のことを話してくれたとき、わたしの持っていた価値観《かちかん》がガラッと変わったんです。病気の人はかわいそうというイメージをわたしも持っていましたが、先生は『不幸じゃない』『ワクワクしよる』って言ってました。先生はそれまでもたくさんの壁《かべ》を壊《こわ》してきたし、これからも壊していこうとしとる。どんなことがあっても、明るく前に進んでいこうとしとる。まさかそんな考え方ができるなんて、わたしにはおどろきでした。やけん――」

マナミは自分の中に新たな「卵《たまご》」があることを、改めてはっきり感じた。そして、こう続けた。

「わたしには夢《ゆめ》ができました。わたし……竹永先生みたいな学校の先生になりたいです！」

部員たちは「えーっ!?」と声を上げた。

竹永先生もびっくりしていた。マナミがこんなにもはっきりと自分の考えを話せた。それだけでなく、まさか自分を見て教師《きょうし》になる夢を持ってくれていたとは。みんなの前では返事すらできなかった子が、子どもたちの前に立つのが仕事である先生をめざそうとしている。

教師として、こんなにうれしいことはない。

（マナミさん、ありがとう）

スピーチを終えて拍手《はくしゅ》を浴びるマナミに、先生は心の中でそう声をかけた。

いま、自分のことが好きですか？

6年生のスピーチが終わり、最後に竹永先生がみんなの前に立った。

「先生、みんなにお礼を言わんといけんね。さっき、マナミさんが自分の思いを話してくれたけど、先生も同じでした。ＡＬＳの自分が嫌《きら》いやったし、自分をあきらめていました。なにをするにも、『どうせ自分は病気やし』とつい思ってしまっていました。でも、合唱《がっしょう》部の顧問《こもん》になり、みんなと一生懸命《いっしょうけんめい》に合唱をやってきたおかげで、ぼくはぼくでいいんやと思えるようになりました。ＡＬＳという病気を持った自分のことを、初めて好きになれました」

先生は目の前にいる部員たちの顔を一人ひとり見つめていった。

「みんなもきっと、自分の顔や体、性格《せいかく》、家庭環境《かんきょう》、成績《せいせき》や能力《のうりょく》など、コンプレックスを持っているんやないかと思う。それでも、全部をひっくるめて自分自身のことを好きになってください」

先生は6年生がいなくなってしまうのがさびしくてしかたなかった。どうして学校には卒業なんてものがあるのだろう。この子たちとずっと合唱《がっしょう》をやっていたいのに。

いや、いつか必ず散るからこそ花が美しく感じられるように、きっと学校も卒業があるからいいのだ。かぎられた時間に青春を、命を燃《も》やすことができるのだ。

「6年生とは今日でお別れです。下級生とも、いずれはお別れすることになります。みんなが中学生になり、高校生になり、大人になったとき、どこかで顔を合わせることがあるでしょう。そのとき、先生は質問《しつもん》するよ。『いま、自分のことが好きですか？　幸せですか？』っち。その質問に迷《まよ》わず『イエス』と言える人になっていてほしい。それが先生の願いです」

先生の話が終わると、6年生から竹永《たけなが》先生へプレゼントがおくられた。それは、6年生がみんなで選んだ杖《つえ》だった。

「おいおい、先生はまだ杖を使わんでも歩けるっちゃ」

先生は少しとまどったが、最近は足がうまく動かずに転んでしまうことも増《ふ》えていた。

「ありがとう。遠出するときに使わせてもらおうかな」

こうして卒部式は終わった。


体育館の外では、桜《さくら》の花が風に舞《ま》っていた。

6年生は手を振《ふ》りながら帰っていった。もう数日すれば、あの子たちは真新しい制服《せいふく》に身を包み、中学校に通いはじめる。小学校時代とくらべものにならないほど高い壁《かべ》にいくつもぶちあたることだろう。

でも、あの子たちならきっとだいじょうぶ——そう思いたい。

ふと、マナミが振り向いた。その顔は笑っているように見えた。

「マナミさん、ホントにあなたは信じられんくらい成長《せいちょう》したね」

ほかの6年生の背中《せなか》も頼《たの》もしく見えた。

だんだん小さくなっていくうしろ姿《すがた》を見送りながら、先生はこの1年間を振り返った。

「人生で最大のチャレンジをした年やった」

先生は誰《だれ》に言うともなく、つぶやいた。

合唱《がっしょう》をやったことがないだけでなく、歌も下手で、いちばん苦手なことだった。そこに思い切って飛《と》びこんでいき、まるで吹奏楽《すいそうがく》をやっていた学生時代に戻《もど》ったかのような日々《ひび》をすごすことができた。

いや、ここまで熱くなった1年は、ない。

「おれが指導《しどう》したんやない。子どもたちのおかげや。おれは子どもたちに人生を変えてもらった。あぁ、最高に青春した！」

全国大会で部員たちが歌った《かっぱ》と《僕《ぼく》のドラゴン》の歌声を、そのときの感動を、竹永《たけなが》先生は一生忘《わす》れることはないだろう。

あの日の思い出が、きっと心の杖《つえ》となり、車椅子《くるまいす》となり、手足となってくれるだろう。

そのとき、不意になにか巨大《きょだい》なものがつばさを羽ばたかせて竹永先生の頭上を通りすぎた気がした。

先生が見上げると、そこにはただ透《す》きとおるように青い春の空が広がるだけだった。

しあわせは、自分の心で決める

私《わたし》は北九州市立日明小学校合唱部《きたきゅうしゅうしりつひあかりしょうがっこうがっしょうぶ》の一年間を読んでいただきありがとうございました。現在《げんざい》、合唱部《がっしょうぶ》の顧問《こもん》をして3年目になりますが、この物語はその1年目の子どもたちとのものです。この頃《ころ》の私は、今以上に合唱のことがわかっておらず、子どもたちと一緒《いっしょ》に学び、歌い、ただがむしゃらに駆《か》け抜《ぬ》けた1年でした。あまりに必死すぎて、当時の記憶《きおく》は断片的《だんぺん》にしか残っていませんでしたが、その一つ一つをオザワ部長が紡《つむ》ぎなおしてくれました。初めて完成した原稿《げんこう》を読んだとき、まるで一本の映画《えいが》を観たあとのように、当時の記憶が鮮明《せんめい》によみがえってきて、涙《なみだ》が溢《あふ》れていました。

私はALS《エー・エル・エス》という病気によって、走ることや支《ささ》えなしで指揮《しき》を振《ふ》ることなど、できなくなったことがたくさんあります。そして、これから階段《かいだん》を上ることや歩くこともできなくなると言われています。しかし、それで私が「不幸」だと決まるわけではありません。なぜなら、人の「幸」「不幸」は自分の心が決めるものだと思うからです。思い通りにいかないこと、つらく苦しいことがおそいかかってきたときに、「なんで自分ばかり」「なんて不幸なんだ」と下を向いてしまうのか、「心は絶対《ぜったい》に負けない」「どうやってこの試練を乗り越《こ》えようかな」と、わくわくしながら挑《いど》むのか。同じ人生でも、「心」一つでこんなにも違《ちが》いがあるからです。そして、どちらの道を「選択《せんたく》」するのか、迷《まよ》ったときに助けてくれるのが、心の中の「僕《ぼく》のドラゴン」なのだと思います。誰《だれ》にでも訪《おとず》れる、その「選択」の時のために、私は子どもたちと一緒に、心の中のドラゴンを毎日コツコツ育てています。

その成長《せいちょう》をあたたかく応援《おうえん》してくださる保護者《ほごしゃ》や卒部生、地域《ちいき》の皆様《みなさま》、ピアニストの古賀《こが》先生、肘井《ひじい》先生はじめ日明小学校の先生方や児童、そして学校を異動《いどう》してもご指導《しどう》くださる花田《はなだ》先生、本幡《もとはた》先生、エールをおくってくださる全ての方に感謝《かんしゃ》の思いでいっぱいです。

なにより、子どもたちとの大切な思い出をこのような素敵《すてき》な書籍《しょせき》にしてくださったオザワ部長、岩崎書店編集部《へんしゅうぶ》の山田裕子様に最大の感謝を申し上げます。これからも、まだまだ成長していく「小さなドラゴンたち」を見守り、応援していただけると幸いです。

令和6年7月吉日《きちじつ》　北九州市立日明小学校合唱カンパニー顧問　竹永亮太《たけながりょうた》

オザワ部長（おざわぶちょう）

神奈川県横須賀市出身。早稲田大学第一文学部文芸専修卒。著書に『美爆音！ぼくらの青春シンフォニー 習志野高校吹奏楽部の仲間たち』（岩崎書店）、『いちゅんどー！西原高校マーチングバンド 〜沖縄の高校がマーチング世界一になった話〜』（新紀元社）、『空とラッパと小倉トースト』（Gakken）、『吹部ノート』（KKベストセラーズ）、『あるある吹奏楽部の逆襲！』（新紀元社）、『吹奏楽部バンザイ!! コロナに負けない』（ポプラ社）など多数。主なメディア出演に、NHK Eテレ「沼にハマってきいてみた」ほか。

ご協力いただいた皆様
北九州市立日明小学校合唱カンパニーの皆様、全日本合唱連盟、
伊東恵司先生、松下耕先生

合唱曲一覧
「かっぱ」（『ふしぎなせかい』より）作詞：木島 始／作曲：新実徳英
「僕のドラゴン」（『ユウキノウタ』より）作詞：みなづきみのり／作曲：松下 耕
「樹形図」作詞：宮本益光／作曲：加藤昌則

撮影：オザワ部長（カバーほか）
撮影協力：2023年度日明小学校合唱カンパニーのみなさん
写真提供：大阪フォトサービス（全国大会）、日明小学校合唱カンパニー、卒業生の皆様

著者の意向により、この本の印税の一部を「一般社団法人日本ALS協会」へ寄付いたします。

とびたて！ みんなのドラゴン
難病ALSの先生と日明小合唱部の冒険

2024年9月30日　第1刷発行

著者　オザワ部長
発行者　小松崎敬子
発行所　株式会社 岩崎書店
〒112-0014　東京都文京区関口2-3-3 7F
電話　03-6626-5080（営業）　03-6626-5082（編集）
装丁　山田 武
印刷　三美印刷株式会社
製本　株式会社若林製本工場

ISBN 978-4-265-08041-0　NDC916　176P　22×15cm

Published by IWASAKI Publishing Co., Ltd.　Printed in Japan

岩崎書店HP　https://www.iwasakishoten.co.jp/
ご意見ご感想をお寄せください。 info@iwasakishoten.co.jp
乱丁本・落丁本は小社負担でおとりかえいたします。